"十二五"职业教育国家规划教材
经全国职业教育教材审定委员会审定

仓储实务

（第 2 版）

主　编　马　骏　刘　亮
副主编　马　洁　王　荣

中国财富出版社

图书在版编目（CIP）数据

仓储实务/马骏，刘亮主编．—2版．—北京：中国财富出版社，2015.3
（"十二五"职业教育国家规划教材）
ISBN 978 - 7 - 5047 - 5537 - 7

Ⅰ．①仓…　Ⅱ．①马…②刘…　Ⅲ．①仓库管理—高等职业教育—教材　Ⅳ．①F253.4

中国版本图书馆 CIP 数据核字（2015）第 013716 号

策划编辑	马　军	责任印制	何崇杭
责任编辑	孙会香　惠　婳	责任校对	饶莉莉

出版发行	中国财富出版社（原中国物资出版社）
社　址	北京市丰台区南四环西路 188 号 5 区 20 楼　　邮政编码　100070
电　话	010 - 52227568（发行部）　　010 - 52227588 转 307（总编室）
	010 - 68589540（读者服务部）　　010 - 52227588 转 305（质检部）
网　址	http://www.cfpress.com.cn
经　销	新华书店
印　刷	中国农业出版社印刷厂
书　号	ISBN 978 - 7 - 5047 - 5537 - 7 / F · 2304
开　本	787mm×1092mm　1/16　　版　次　2015 年 3 月第 2 版
印　张	16.25　　印　次　2015 年 3 月第 1 次印刷
字　数	365 千字　　定　价　36.00 元

前 言

（第2版）

 仓储管理活动是物流管理的主要支撑活动之一，它和运输管理一起，构成了物流管理的两个主要组成部分。它们既是最为传统的物流活动，即"储"与"运"，也是现代物流活动的两大基本主题，即使在十分强调物流综合化的今天。

 仓储行业是较为独立的产业门类，在国民经济中拥有一定的地位。比如2008年物流业固定资产投资总额是17508亿元，其中仓储业的固定资产投资总额是1122亿元，占比约6.4%。与此同时，社会物流总费用54542亿元，其中保管费用18928亿元，占比约34.7%（数据来源：2009年中国仓储行业发展综合报告）。

 同时，仓储可以构成十分独立的工作领域，要求有相对独立的工作知识、技能以及工作习惯。比如，仓储工作领域典型的基础工作岗位是库房管理员。企业需要围绕库房管理员这一岗位完成货物的入库作业、库内货物的整理、出库作业、退换货管理、盘点、现场安全管理等一系列具有完整性、可以为企业创造独立价值的工作。而物流企业的项目经理、运营总监，商业及制造企业的物流项目管理人员、物流总监等工作，也有很大一部分是进行着物流设施网络的规划、仓储物流信息化开发与实施等工作。这些均是十分独立的仓储工作领域。

 基于上述三点考虑，对于物流管理专业学生而言，设置《仓储实务》这门课程是十分必要的，可以帮助学生对企业实际存在的仓储工作领域形成完整的知识、技能储备；同时，无论从事物流的哪一个工作环节，对仓储运营的了解会成为其知识和技能构建的重要基础部分。另外，职业的晋升空间中，仓储的高技能与知识要求部分，比如选址、设施布置规划、设备选型等也需要本课程来进行前期的准备与铺垫。

 学习本课程之前，建议学生能够学习《物流概论》《物流客户服务》《市场营销》等前导课程。通过前导课程的学习，学生对于物流的基础知识领域，诸如物流的基本概念、物流分类、物流的发展历程、物流系统的构成、物流服务与物流质量、物流成本管理的相关思想及学说、物流技术及装备的类型、第三方物流概念、物流标准化体系等会有基本的了解与认识；对物流企业客户服务的基本理念与方法有所了解。在此基础之上，学生具体深入地学习仓储类岗位所要求的基本理论、知识、方法和技能，并以项目任务为引导、以实际案例为载体、以通用方法为工具可提高仓储工作领域所要求的核心从业能力。

相对应地，学习本课程之后，希望学生能够学习的后续课程大致包括《物流数据分析》《物流系统工程》等物流管理中综合性、提高性课程。通过后续课程学习，学生主要是站在战略高度研究公司的物流整体运作，从物流系统整体出发，把物流和信息流融为一体，把生产、流通和消费全过程看作一个整体，运用系统工程的理论和方法进行物流系统的规划、管理和控制，选择最优方案，以最低的物流费用、高的物流效率、好的顾客服务，达到提高社会经济效益和企业经济效益目的的综合性组织管理活动。

我们可以看到，《仓储实务》是上述前导类课程和后续课程这两个层级的中间课程，起到承上启下的作用。同时，适用于学生不同的学习阶段，逐渐上升到管理的层面与高度，由一个对物流一无所知的新生，开始了解相关的行业和基础知识，继而以项目训练的方式熟悉仓储这一领域的工作内容、方法，由此形成一定的知识、经验、技能的积累以及对行业具备一定深度的认知。继而，开拓学生更大的视野来促使其从系统设计的角度来研究问题，打开部分学生上升的空间。

本书第2版是第1版的升级版本，编者包括第1版本中的诸位企业作者，他们是白光利、刘亮、王荣、古金昌、田蔚、周立广、梁佳、盛若波、袁浩宗、康力等。在此次升级过程中，本书结合招商局物流集团北京有限公司的最新企业实践进行了更为系统化的梳理。除了企业专家的贡献，本书也引用了国内学者在此领域的相关研究成果，在此一并感谢。同时，恳请使用本书的广大师生对本教材的疏漏之处予以关注，并将意见和建议及时反馈给我们，以便修订与完善。

编　者

2014 年 12 月

前　言

（第 1 版）

　　仓储实务是物流管理的主要支撑活动之一，它可以构成十分独立的工作领域。这就要求从事该管理活动的人员必须具有该领域的工作知识、技能以及工作习惯。如仓储工作领域典型的基础工作岗位是库房管理员，企业需要围绕库房管理员这一岗位完成货物的入库作业、库内货物的整理、出库作业、退换货管理、盘点、现场安全管理等一系列既有完整性，又可为企业创造价值的工作。

　　职业教育的课程目标应当通过其所面向的工作岗位来定位，并采取适宜的项目教学形式来帮助学员建立职业能力。因此，本书采取项目的形式来组合仓储工作领域的不同内容，并将其转化成学习要点。通过本课程的学习能够使学员掌握一般仓储从业人员在入职和发展的 3～5 年的典型工作任务。

　　本书是校企多位人士精诚合作的成果。是由北京电子科技职业学院马骏主编，负责所有项目的整理、编写和定稿工作。项目一由招商局物流集团易通交通信息发展有限公司物流分公司总经理刘亮编写，项目二由招商局物流集团易通交通信息发展有限公司北京分公司经理古今昌编写，项目三由招商局物流集团易通交通信息发展有限公司物流分公司运营总监田蔚编写，项目四、项目五、项目七由美国锐动运营总监白光利编写，项目六由招商局物流集团易通交通信息发展有限公司综合事务部经理王荣编写，项目八由华胜天成仓储主管梁佳、宅急送快运有限公司仓储工程师周立广编写，案例一由招商局易通物流盛若波撰写，案例二由东方友谊食品物流公司副总经理袁浩宗及康力编写，案例三由美国锐动运营总监白光利编写。本书所附仓库业务常用表单由北京络捷斯特科技发展有限公司总经理邵清东提供。

　　本教材在编写过程中，得到了各位企业专家的大力支持，并且我们也参考了诸多文献资料，在此一并表示感谢。同时，恳请使用本教材的广大师生对本教材中的疏漏之处予以关注，并将意见和建议及时反馈给我们，以便修订、完善。

编　者

2010 年 6 月

目 录

项目一　初步认识仓储管理

模块一　初步认识仓储管理

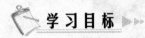 **学习目标** ▶▶▶

应知	应会
1. 库存的定义、来源与作用	
2. 不同供应链环节的仓储类型与功能	根据不同供应链环节的仓储类型判断其主
3. 仓储管理的定义	要功能
4. 仓储管理的目标	

【背景导入】

　　"福临门"品牌的小包装食用油是国内日前第二大食用油品牌，其隶属于国资委管理的大型国有企业——中粮集团。目前，在国内的天津塘沽、江苏张家港、山东日照、广东增城、新疆沙湾、广西防城港、湖北钟祥市、山东菏泽市分布八个生产加工厂。年小包装系列生产和销售能力达到 80 万吨，覆盖国内三级以上城市。基于原材料采购、物流成本、市场快速响应等因素，中粮集团不仅在全国设置了八个生产加工厂，同时国内食用油市场受市场环境影响，供应链两端波动都非常大。一是前端的采购过程受国际期货市场影响，大豆和原油价格波动都非常大，由此造成生产成本的不稳定；二是后端的销售过程受国内消费习惯影响，淡旺季非常明显。基本规律是：每年的 4 月和 9 月前后受"五一"和"十一""中秋节"影响为小旺季、中旺季，11 月至次年 1 月受"元旦""春节"影响为大旺季。其余月份为真正意义上的淡季，据估计三个旺季共计 5 个月的时间，销量约占到全年总量的 70％以上。这种严重的淡旺季差异亦造成了销售成本的不稳定。所以在这种大起大落的背景下，如何配置良好"性价比"的物流资源不仅是重要的保障行为，同时亦是重要的成本考虑。"福临门"食用油成品库结构如图1-1所示。

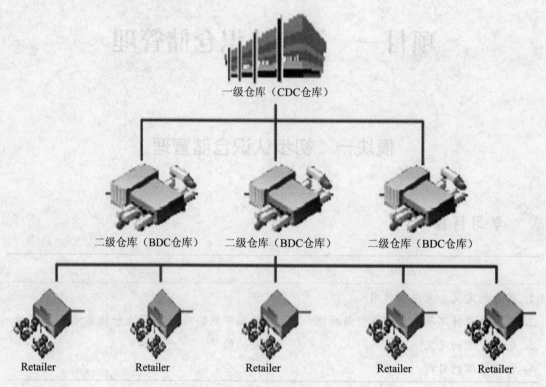

图1-1 "福临门"食用油成品库结构

中粮集团虽然是国家大型央企，但食用油市场却面临着完全竞争的市场环境。市场上拥有高、中、低不同层面的众多品牌，竞争非常激烈。作为食用油第二大品牌，中粮集团亦须在保障品质的前提下，建立价格竞争优势。作为普通大众的快速消费品，福临门油供应链中的物流成本（主要包含仓储成本和运输成本）成为总成本的重要组成部分，所以通过压缩物流成本来降低供应链总成本成为中粮福临门建立竞争优势的重要手段。

同其他产品一样，中粮福临门食用油的供应链过程融入产品的传统三大领域，即采购过程、生产过程和销售过程。涉及了从原材料到产品交付最终用户的整个物流增值过程。

1. 采购过程

（1）原料采购：

①国内采购大豆、玉米、花生等通过公路、铁路、内河运输送至所属工厂进行压榨出油；

②国际期货采购大豆等通过外贸船舶运输至所属工厂进行压榨出油；

③国际期货直接采购食用原油通过油轮海运至所属工厂进行罐装。

（2）包装材料采购：

①罐装瓶坯采购，所属工厂就近选择供应商通过公路运输送至；

②包装纸箱采购，所属工厂就近选择供应商通过公路运输送至。

2. 生产过程

（1）工厂自营压榨生产。工厂采购大豆、玉米等原材料，然后通过压榨设备生产出油，再通过罐装线生产出成品可食用油。

（2）原油罐装生产。工厂直接采购半成品原油散油，然后通过罐装线生产出成品可食用油。

3. 销售过程

中粮集团通过下属中粮品牌营销公司负责福临门小包装食用油的销售。营销公司在全国设立的八大销售区域管理部门具体负责区域销售行为。

销售渠道：目前福临门销售管理终端可分为如下几类：批发商、商场、KA店、餐饮店、福利客户、集团客户等。

中粮福临门北海粮油有限公司（简称"北海工厂"）是"福临门"小包装品牌食用油辐射华北、东北、西北销售区域的生产加工厂。目前其仓库设置情况如下：

（1）原材料仓库：

①原油储罐容积共计6.8万立方米，分储45个大小储罐，自营管理；

②包材库面积5000平方米，分别存储瓶坯、包装纸箱等，自营管理。

（2）成品中央仓库：

①厂区库面积14000平方米，自营管理；

②厂外辅助库面积13000平方米，外包物流公司管理。

图1-2 就地码放的成品库

图1-3 货架码放的成品库

（3）区域分拨库。共计 11 个，分别部署在西安（2000 平方米）、新疆（2000 平方米）、兰州（1000 平方米）、太原（2000 平方米）、沈阳（2000 平方米）、大连（1000 平方米）、哈尔滨（1000 平方米）、呼和浩特（1000 平方米）、石家庄（1500 平方米）、天津（2000 平方米）、北京（2000 平方米），全部外包物流公司管理。

（4）VIP 客户专属库。共计 4 个，分别部署在秦皇岛（500 平方米）、唐山（500 平方米）、邯郸（500 平方米）、长治（1000 平方米），外包物流公司管理。

思考与讨论

（1）简述福临门供应链的主要过程。

（2）福临门的供应链过程中的哪些环节可能产生库存及仓储需求？为什么？

（3）福临门供应链中的物流过程，如图 1-4 所示。

（4）北海粮油为什么要设置各类仓库，其作用、意义及功能又是什么呢？填写中粮福临门供应链仓库设置描述表（如表 1-1 所示）。

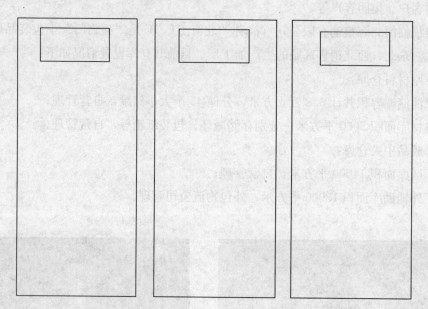

图 1-4　福临门食用油物流过程

表 1-1　　　　　　　　　　中粮福临门供应链仓库设置描述表

仓库类型	设置原因	作用及意义	功能
原材料库		应变期货市场的变化，最大限度地降低采购和生产成本	生产所需物资的接收、存储和上线物资的准备

续 表

仓库类型	设置原因	作用及意义	功能
中央成品库	为了适应变化的市场环境（季节销售变化、国际环境变化、竞争格局变化、政策变化等），保障动态销售计划的可执行性，需建立一定的中央库存量		工厂下线成品货物的接收、存储和调拨、发货计划的执行
区域分拨库		保障区域市场的服务能力，扩大品牌影响力和区域市场占有率	工厂中央仓发货的接收、库存保障、销售订单的发货执行
经销商专属库	特定区域经销商和大客户的常备库存保障	稳定大客户资源，VIP客户的服务手段。同时也为了控制货权和风险	

（5）你认为福临门的原材料库、中央成品库、区域分拨库、经销商专属库分别对应什么仓储类型？请填写表1-2。

表1-2 中粮福临门仓库分类

类型划分依据	依据1	依据2	依据3	……
原材料库				
中央成品库				
区域分拨库				
经销商专属库				

【知识要点】

一、供应链过程中的库存及仓储需求的产生

（一）供应链及库存的含义

根据中华人民共和国标准物流术语的定义，供应链（Supply Chain）是指"生产及流通过程中，涉及将产品或服务提供给最终用户活动的上游与下游企业，所形成的网链结构"。进一步解释，它是围绕核心企业，通过对信息流、物流、资金流的控制，从采购原材料开始，制成中间产品以及最终产品，最后由销售网络把产品送到消费者手中的将供应商、制造商、分销商、零售商直到最终用户等上下游企业连成一个整体的功能网链结构。在此供应链过程中，由于广泛存在的产供销不平衡或其他原因，会在原材料采购、产品生产及最终产品销售等各环节产生库存。虽然库存占用供应链企业的大量资金，但作为一切社会再生产中必然的经济现象，它的存在具有很多积极作用，主要表现为：

1. 调节市场需求和供给的差异

季节性的供应或需求产生的时间上的不平衡要求企业持有静态库存。如背景中的福临门油，市场销售存在明显的淡旺季，但企业生产却要求平稳的规模经济；而粮食类的产品供应存在明显的季节性，但市场销售相对平稳。这时的库存起到平衡供需、稳定价格的作用。而动态的库存可弥补供应与需求之间的空间距离，平衡不同地域间商品品种、规格、数量的差异。

2. 调节市场需求和订货周期的不确定性

企业持有库存，可防止不确定性因素的影响，如市场需求的随机增加、订货周期因自然或人为等因素造成的延迟，这都会引起缺货。持有库存能在一定程度上缓解这种缺货压力。

3. 调节物流过程中的不平衡

受客观条件的限制，物流过程并不一定十分顺畅。如在多种运输方式转换环节，可能存在因运载能力不完全匹配造成的中转库存。而有时候中转库存是主动产生的，用于满足运输的规模经济。

根据中华人民共和国标准物流术语定义，库存就是指"处于储存状态的物品，广义的库存还包括处于制造加工状态和运输状态的物品"。而储存正是仓储的最基本的功能，仓储需求就因库存存在的必要性而产生了。

（二）库存的分类

按照不同的分类方法和标准，可将库存划分为如下类别：

1. 按照用途分类

（1）商业库存：指企业购进后供商品转售的库存。其特点是在商品转售前，保持其原有的实物形态。

（2）制造业库存：指购进后直接用于生产制造的货物。其特点是在销售前需要经过生产加工过程，改变其原有的实物形态或使用功能。

（3）其他库存：指除以上两种库存以外的库存。其特点是满足企业的各种消耗性需要，而不是为了直接转售或加工成制成品后再出售。

2. 按照经营过程的角度分类

（1）经常库存：指企业在正常的经营环境下为满足日常的需要而建立的库存。这种库存随着每月的需求量不断减少，当库存量降低到再订货点时，就要进行订货以补充库存。

（2）在途库存：指处于一个点到另一个点上的货物。即使在到达目的地之前不能被使用，但仍然是库存的一部分。

（3）安全库存：指为了防止不确定因素而准备的库存。

（4）投机库存：指为了满足正常需求之外的某种原因而准备的库存。例如，由于预期价格会上涨或材料匮乏或为了获得批量折扣而购买的多于需求的物质资料。

（5）季节性库存：指某季节开始前进行的库存积累，是投机库存的一种形式。这种情况多发生在季节性产品或农产品中。

（6）促销库存：指为了使企业的促销活动产生预期的销售收益而建立的库存。

（7）呆滞库存：指那些已储存一段时间且没有需求的商品库存，包括因物品的损坏不再有效用的库存或因没有市场销路而卖不出去的商品库存。

二、仓储管理的概念及目标

储存与保管是指对物品进行保存、保护和数量、质量管理控制的活动，是物流的主要功能环节之一。在物品从供应地向接收地的实体流动过程中，储存与保管行为时时发生，与运输、储存、装卸、搬运、包装、流通加工、配送、信息处理等基本功能实施有机结合。

简单地说，仓储管理就是对仓库和仓库内储存的商品所进行的管理，是仓储机构为了充分利用所拥有的仓储资源来提供仓储服务所进行的计划、组织、控制和协调的过程。

仓储管理的核心目标与物流管理的目标是一致的，即成本和服务（质量）的权衡。成本目标中包含对低耗用、高效率的追求，质量目标中包含对及时性、准确性、安全性的追求。

小资料

物流管理的目标被通俗的表示为六个合适，如图1-5所示。

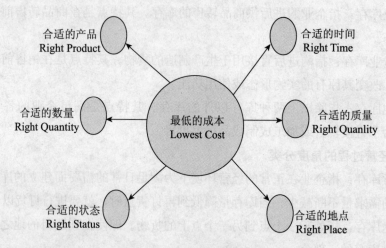

图1-5 仓库管理的目标

仓储管理的主要对象是货物，也包括所有人员、资金、场所及设施设备等资源。对货物的管理主要向货权人负责，是展现服务（质量）目标的一个方面；而对资源的管理主要向企业内部负责，是实现成本目标的重要手段。

三、仓储管理的类型

仓储是供应链的一个部分，是为提高供应链的整体水平而服务的。供应链的模式及特征会影响仓储管理的类型。即便第三方物流公司，也需要有全局意识，即服务于客户供应链运作的要求，而不是单纯的、单一环节的货物储存与分拨。

（一）按供应链存货缓冲点的位置划分

1. MTS（Made to Stock）按存货生产的仓储

在供应链管理中，MTS模式的存货缓冲点位置靠近下游消费者，基本处于销售物流阶段，接到客户订单后直接从存货中发货满足下游需求，制造商根据市场销售预测安排生产。其仓储机构根据与货主企业事先商议的库存水平设置补货点，可能采用自动补货系统，其所掌握的销售数据对货主企业的预测有重要意义。

2. ATO（Assembled to Order）按订单装配的仓储

ATO模式的存货是通用半成品或配件，不保存成品，接到客户订单后组织装配，再发货给下游。其仓储机构极有可能具有组装、流通加工或二次包装等功能。

3. MTO（Made to Order）按订单生产的仓储

MTO模式的存货可能是原材料，按市场预测采购，按客户订单组织排产。其仓储机构可能是支持VMI（供应商管理库存）的一方，即原材料所有权归供应商，但按照生产商的订单向工厂供货，还有可能按生产商JIT（准时制）的要求设置生产线边仓，按相对苛刻的反映时间要求向工厂的生产线直接供货。这对合作方的信息共享及管理水平提出较高要求。

（二）按供应链过程划分

1. 供应物流的仓储

供应物流是企业为保证生产节奏，不断组织原材料、零部件、燃料、辅助材料供应的物流活动。其物流过程中的仓储管理主要针对原材料及半成品的采购入库、保管及领料出库。由于涉及的供货方数量较多，供应模式的不同会影响仓储业务的接单模式及业务流程。

2. 生产物流的仓储

生产物流是指在生产工艺中的物流活动。生产工艺流程一经确定，原材料及半成品的物流过程便成为工艺流程的重要组成部分，仓储活动可能分散在整个工艺流程中，要求较高的计划性，可变性很小。其管理改进只能结合生产工艺流程的优化而进行。

3. 销售物流的仓储

销售物流则是企业为实现产品销售，组织产品送达用户的物流活动。销售物流的起点一般是制造企业的产成品仓库，经过干线运输、中转分拨、区域配送等活动送达最终用户。其仓储机构可能采用层层分拨的方式，以分拨中心或配送中心辐射周边，涉及的收货方数量较多。由于销售物流的仓储业务最接近下游，也就最容易受商业模式的影响，如电子商务模式下与传统零售模式下的仓储配送模式就有很大的区别，它们对仓库布局、订单模式、拣选模式、设备选用等方面的要求均有不同。

摘自中华人民共和国标准物流术语

供应物流 Supply logistics

——为生产企业提供原材料、零部件或其他物品时，物品在提供者与需求者之间的实体流动。

生产物流 Production logistics

——生产过程中，原材料、在制品、半成品、产成品等，在企业内部的实体流动。

销售物流 Distribution logistics

——生产企业、流通企业出售商品时，物品在供方与需方之间的实体流动。

仓储管理的分类可以有多种视角，每个视角下划分的不同类型均会对仓储管理的计划、组织、实施及控制等提出不同的要求。这里不再一一介绍，仅从图1-6略窥一斑。

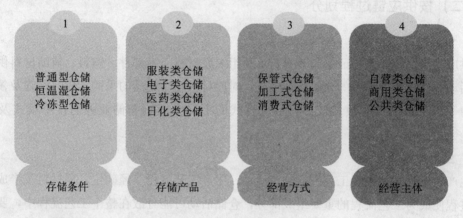

1	2	3	4
普通型仓储 恒温湿仓储 冷冻型仓储	服装类仓储 电子类仓储 医药类仓储 日化类仓储	保管式仓储 加工式仓储 消费式仓储	自营类仓储 商用类仓储 公共类仓储
存储条件	存储产品	经营方式	经营主体

图1-6　仓库不同分类

【学习拓展】

仓库按在链条上的位置来分可划分为原材料厂商（供应商）的仓库，生产厂家的仓库，分销商的仓库，客户的仓库（中间还会包含物流公司的仓库）。

一般公司会根据产品处于的不同的加工阶段来划分仓库类型：

（1）材料库：存储相对于本公司的产品属于原材料的货物存储的库房；

（2）半成品库：为了方便生产，提前对部分原材料进行生产和组装后的半成品存储的库房；

（3）成品库：公司生产的成型产品，可以直接销售的产品存放的库房。

另外，还会有某些专属库，例如，为某个项目、某个客户专用的项目或客户专属库，即根据销售订单需要专门采购的产品，无论是材料、成品都存放在一起的项目专用货物存储的库房。

模块二 仓储运作环境与管理职责

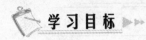 学习目标 ▶▶▶

应知	应会
1. 仓库的分类及不同类型仓库的适用情况 2. 仓储管理的基本内容 3. 仓储管理人员的管理职责与职业发展路径	为仓储项目设计组织结构和人员分工

【背景导入】

　　易通物流是一家专业化的第三方物流公司，如今在全国拥有北京、天津、上海、广州、西安、武汉、沈阳、定州、成都九家分公司；以石家庄、大连、乌鲁木齐、太原、哈尔滨为运输等业务需要补充的多家办事处；并在全国各地拥有 15 处库房，库房总面积接近 33000 平方米；与全国 150 余家民营运输车队及铁路、航空公司建立了良好的合作关系，为客户提供标准、高效的网络服务。该公司的组织架构如图 1-7 所示。

　　易通物流总部坐落于地处北京东南的通州区马驹桥镇的北京通州物流基地。北京通州物流基地规划面积 5.04 平方千米，是北京市物流发展规划确定的三大物流基地之一。该基地集现代物流功能、内陆口岸功能、流通加工功能于一体，是适应首都现代化国际大都市的功能性基础设施，辐射环渤海地区及全国的重要物流枢纽，为北京市进出货物的集散和大型厂商在环渤海地区、全国采购和分销提供物流平台，定位于公路－海运国际货运枢纽型物流基地。基地不仅具有得天独厚的区位优势，更具备了物畅其流的区位交通条件，可谓占尽了"天时、地利"。基地位于北京东南黄金通道（京津塘高速公路）上，距市中心 15.5 千米，距首都国际机场 30 千米，距天津塘沽新港 120 千米，京津塘高速公路与北京城市六环路在此交会，并与京沈、京哈、京开、京石等 11 条高速公路相连，是北京海、陆、空多式联运的最佳结合点，拥有作为物流枢纽所应具备陆、海、空一体，国际国内便捷联系的区域交通网络。如图 1-8 所示。

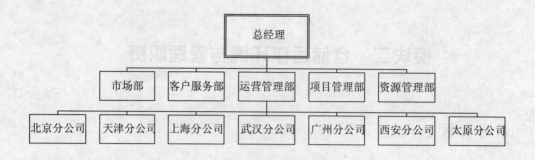

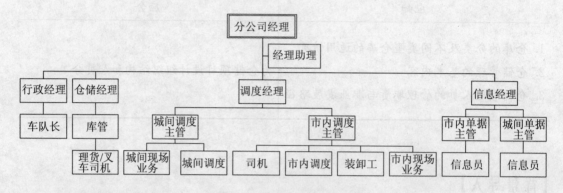

图 1-7 易通物流组织结构

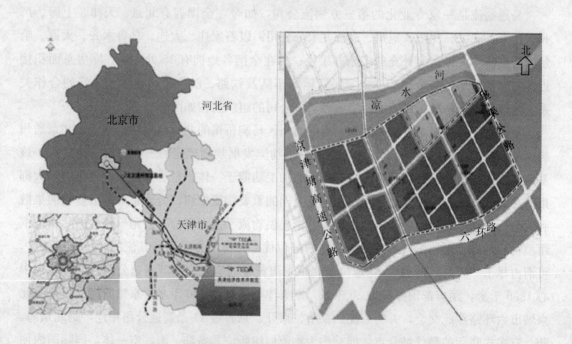

图 1-8 通州物流基地交通区位、规划布置（示意）

易通物流在北京共有四个仓库，其中 1 号、2 号、3 号是平面库，仓库面积分别为 3000 平方米、3000 平方米、2500 平方米，4 号仓库是立体库，面积是 2600 平方米。仓库总面积 11100 平方米。同时，1 号库、2 号库是易通物流战略客户北海粮油的专属仓库，3 号库是好丽友的专属库，4 号库是综合性库房，其余客户的货物均存放于此。如图 1 - 9 所示。

立库照片1

立库照片2

平面库1（专属库）

平面库1（综合库）

图 1 - 9 易通物流北京四个仓库

中粮集团是易通物流的大客户之一，经过考察，它决定委托易通物流设立一个新的中转仓库并进行管理。该库房选址在天津市东丽区大毕庄，距离中粮加工厂（北海粮油工业公司）47 千米，临近京津塘、津蓟、京津第二高速，并与天津振东物流中心、巨邦物流中心等天津市最大的物流园区为邻，交通与物流条件极为便利，以上的条件决定了中粮集团最终将中转仓设立于此。如图 1 - 10 所示。

图1-10　天津分发中心的位置

该仓库现有面积50000平方米，在建现代化仓库60000平方米，配套设施、设备齐全，其中，中粮占用4个库房，共计20000平方米，日均周转量为20000箱约15车次，项目组配置叉车2台，叉车司机4名，库管2名，信息员1名，调度1名共10人。

主要业务模块为：

1. 天津市市内配送库（2000平方米）

（1）天津市内及周边57个商超的24小时配送；

（2）库存管理（库容45000箱，20个大品，78个单品）。

2. 中转库（10000平方米）

（1）北海工厂调拨运输，45千米；

（2）库房出入库作业；

（3）库存管理（库容26万箱，10个大品，30个单品）。

3. 外埠发货

（1）北海、津南库、外运库、招商库三点提货；

（2）北京、河北、内蒙古、沈阳等地的干线运输。

天津分发中心仓库的内部布置，如图1-1所示。

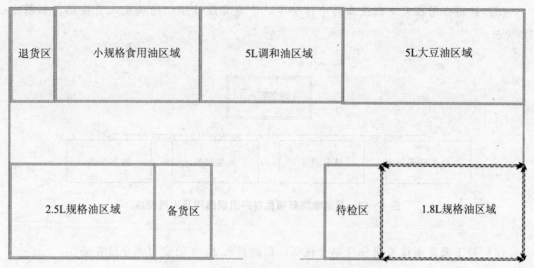

图 1-11 天津分发中心仓库的内部布置

思考与讨论

（1）仓库具有不同的类型，请描述你看到的易通物流的仓库属于哪些类型，建议从多角度进行分析。

（2）以下是易通物流库管岗位的工作内容：

①负责所管辖仓库货物的保管、出库、入库、盘库，对货物的安全、数量负直接责任；

②负责仓库台账的登账记录，凭据的保管，对账实相符负直接责任；

③负责仓库垛卡填写的监督管理；

④负责仓库设施的使用、维护、修理；

⑤负责所管辖仓库人员的分工及调配；

⑥负责货物日常出入库的信息汇总与分析；

⑦对仓储经理汇报工作。

若你是易通物流的仓库管理人员，该岗位的主要工作职责及能力要求是什么呢？请填写表 1-3。

表 1-3　　　　　　仓库管理人员的主要工作及能力要求

序号	工作职责	能力要求
1		
2		
3		
…	…	…

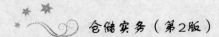

（3）针对公司在天津新设立的中转仓库，请为其设计组织结构及人员安排。如图1-12所示。

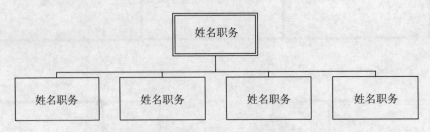

图1-12　易通物流新项目客户组织结构及人员安排

（4）若下面是新设置岗位及职责说明，你能将表1-4的空白部分填齐吗？

表1-4　　　　　　　　　　　　　　　新设置岗位及职责说明

岗位	岗位职责	主要工作内容	汇报上级
仓储经理		项目投标仓库管理方案的设计 仓储工作计划的制订和预算编制 仓储管理制度的制修订 仓库作业异常事件的处理 仓库日常作业的巡视和指导	分公司经理
仓库管理员	负责货物进出仓库管理与协调 负责货物的作业品质管理 负责货物库存的准确性 负责货物库存实物信息台账 负责库房及货物的安全性 负责库房装备的使用维护 负责所属库房的环境卫生	货物日常进出库计划的安排 货物出入库及库存台账的制作 货物定期盘库的组织实施 定期与信息员核对账实信息 装卸工的作业管理 库房日常作业成本的填报、统计和控制 库房每日安全隐患检查	仓储经理、客户经理
仓库理货员	服从仓库管理员的工作安排 负责库房日常出入库作业操作 负责当班出入库记录信息的填报 负责当班出入库货物品质的把控 负责当班出入库数量的核对		仓库管理员

岗位	岗位职责	主要工作内容	汇报上级
单证信息员		接收客户货物出入计划审核 货物出入库单证的打印 货物出入库及库存信息报表制作和准确性检查 定期与仓库管理员核对账实 每日库存报表的上报	
叉车驾驶员	负责叉车作业的操作 负责叉车作业的安全控制 负责出入库数量的核查	货物出入库的日常叉车作业 货物出入库托盘上货物数量的复核 叉车的日常维护和检修	

【知识要点】

一、仓库的分类

根据中华人民共和国标准物流术语的定义，仓库是指"保管、储存物品的建筑物和场所"。仓库是仓储运作所需的基本环境，可以用在制造商、进口商、出口商、批发商、运输企业、零售商、消费者等不同的物流环节。多数仓库已经从静态管理转变为动态管理，其功能除了一般意义上的货物储存保管，也包含对货物的流转和分销的支持，会整合储存、包装、分拣、流通加工、配送等作业活动。前者我们更多称为仓库，后者我们会称其为配送中心。仓库作为物流节点设施，往往起到连接干支线运输的作用，多选址于交通便利的地区，根据需要有时靠近上游供应方，有时靠近下游需求方。仓库按不同的标准可进行不同的分类。如表1-5所示。

表1-5　　　　　　　　　　　　　　易通物流仓库类型

序号	分类标准	类型				
		1	2	3	4	5
1	使用范围	自用仓库	营业仓库	公用仓库	出口监管仓库	保税仓库

序号	分类标准	类型				
		1	2	3	4	5
2	物品种类	综合库	专业库			
3	保管条件	普通仓库	温度要求库	特种仓库	气调仓库	
4	建筑结构	封闭式（库房）	半封闭式（货棚）	露天式（货场）		
5	建筑结构	简易仓库	半房仓库	楼房仓库	高层货架	罐式仓库
6	建筑材料	钢筋混凝土	砖木	钢结构		
7	库内形态	地面型	货架型	立库		
8	仓库功能	集货中心	分货中心	转运中心	配送中心	物流中心

（一）按使用范围分类

（1）自有仓库。指各企业为了保管本公司的物品（原料、半成品、产成品）而建设的仓库，又称为第一方仓库和第二方仓库。如我国大型企业的仓库和大多数外贸公司的仓库属于此类。

（2）营业仓库。指专门为了经营储运业务而修建的仓库，面向社会，以经营为手段、以赢利为目的，又称为第三方仓库。

（3）公共仓库。属于公共服务的配套设施，是为了公共利益而建设的仓库。如铁路车站的货场仓库、港口的码头仓库、公路货场的货栈仓库等。

（4）出口监管仓库。经海关批准，在海关监管下，存放已按规定领取了出口货物许可证或批件，已对外买断结汇并向海关办完全部出口海关手续的货物的专用仓库。

（5）保税仓库。经海关批准，在海关监管下，专供存放未办理关税手续而入境或过境货物的场所。

（二）按保管物品种类多少分类

（1）综合库。用于存放多种不同属性物品的仓库。

（2）专业库。用于存放一种或某种大类物品的仓库。

（三）按建筑结构分类

（1）平房仓库。有效高度一般不超过 5～6 米。适于储存金属材料、建筑材料、矿石、机械产品、车辆、油类、化工原料、木材及其制品等。水运码头仓库、铁路运输仓库、航空运输仓库多用单层建筑，以加快装卸速度。

（2）楼房仓库。仓库底层有卸货装货场地，装卸车辆可直接进入，楼房各层间依靠垂直运输机械联系。一般储存百货、电子器材、食品、橡胶产品、药品、医疗器械、化学制品、文化用品、仪器仪表等。货物的垂直运输一般采用1.5吨～5吨的运货电梯。

（3）高层货架库。也称立体仓库，内部设施层数很多，自动化程度较高，存货能力较强，主要使用电子计算机控制，有堆码机、吊机等装卸机械自动运转，货物可以自动进出仓库，进出仓库方便省力，实现机械化和自动化。因此也称自动化仓库，或称无人仓库。

（4）罐式仓库。以各种罐体为储存库的大型容器型仓库。如球罐库、柱罐库等。

（5）简易仓库。如露天货场或半封闭的货棚，用于存放对保管条件要求不高或超大笨重的物品，便于装卸。

（四）按技术条件及保管条件分类

（1）普通仓库。一般是指具有常温保管、自然通风、无特殊功能的仓库，用于存放无特殊保管要求的普通货物。

（2）恒温、恒湿仓库。有控温、控湿设备，并有良好的保温隔热性能，能保持一定温度或湿度的仓库，用于存放有保温、冷藏或恒湿、恒温要求的物品。

（3）特种仓库。如危险品仓库，专用于保管危险物品并能对危险品起一定防护作用；再如散装仓库，专门保管散粒状或粉状物资（如谷物、饲料、水泥等）的容器式仓库。

（4）气调仓库。通过增加空气中二氧化碳、氮气等的比例，减少氧气浓度的仓库，用于延长粮食、果蔬等物品的保存时间。

（五）按仓库选址分类

（1）港口仓库。为了保管进出口货物在海港、空港附近建立的仓库。

（2）内陆仓库。在内陆部分地区建造的仓库。

（3）枢纽站仓库。在流通业务集散地建造的仓库。广义的枢纽站仓库包括港口仓库。

（六）按库内形态分类

（1）地面型仓库。货物就地堆码，不使用货架型设备。

（2）货架型仓库。采用多层货架保管，货物直接置于货架或组合在托盘上再置于货架。货架分为层架、重力式货架、托盘式货架等很多类型。

（3）自动化立体仓库。使用自动堆垛机、自动传送装置、自动化立体货架等设备进行出入库及存放作业的高层货架仓库。用于存放包装标准、附加值高的物品。

（七）按仓库功能分类

（1）存储中心型仓库。是以存储为主的仓库。专门长期存放各种储备物资，如战略物资、季节物资、备荒物资、流通调节储备物资等。

（2）配送中心（流通中心）型仓库。此类仓库具有发货、配送和流通加工的功能。作为物流服务的节点，这类仓库在流通过程中发挥着重要的作用，它将不再以储存保管为主要目的，其业务范围包括拣选、配货、检验、分类等作业，并具有多品种、小批量、多批次等收货配送功能以及附加标签、重新包装等流通加工功能。由于能实现货物的迅速发送，因而日益收到人们的重视，它是仓库业发展中的一个重要趋势。

（3）加工中心型仓库。以流通加工为主要目的的仓库。一般的加工型仓库是集加工厂和仓库的两种职能，将商品的加工业务和仓储业务结合在一起。

（4）物流中心型仓库。具有存储、发货、配送、流通加工功能的仓库，是现代物流中仓库的最高级形式。

★ 资 料

仓库是物流中心的一种形态，国家标准中对其做了如下划分与归类。

根据货物的分类属性将物流中心划分为专业型物流中心、通用型物流中心和综合型物流中心。

（1）专业型物流中心。专业型物流中心是指需专门配置专用设施设备以满足某一行业领域内的专业货物运作要求的物流中心，包括保温冷藏类物流中心、冷冻类物流中心、散装类物流中心等。

（2）通用型物流中心。通用型物流中心是指不需专门配置专用设施设备即可满足覆盖多个行业领域的普通货物运作要求的物流中心。根据不同的服务功能侧重点，通用型物流中心可分为仓储类物流中心、集散类物流中心和其他类物流中心。

（3）综合型物流中心。综合型物流中心是指既有专业货物又有普通货物的物流中心。

每种类型又可根据其服务功能侧重点不同再细分为三小类，即仓储类物流中心、集散类物流中心和其他类物流中心。

（1）仓储类物流中心：

①以储存业态为主，货物储存量大、储存时间长；

②可为工商业企业提供分拨、配送或其他增值服务；

③具有完善的信息处理功能和先进的管理水平。

（2）集散类物流中心：

①以大批量物品集散及配送业态为主；

②大量货物整进整出或批量零出，在中心周转周期短；

③具有完善的信息集聚和交互功能。

（3）其他类物流中心。

阅 资 料

仓储企业的物流节点作用日益显现

当前，市场对生产的时间要求更加严格，生产需要更加贴近市场需求，JIT 送货的愿望更加强烈；同时，由于供应链的再造和缩短，许多原来由生产企业完成的环节开始转向仓库；另外，不同的货主、不同的货物以及不同的流向，需要运输工具间的转换、交接。这些因素促成了仓库存储逐渐由静态向动态发展，更多的仓库开始提供加工、配送等服务，并逐渐成为货物的流转中心。

资料来源：洪水坤，解读中国仓储——行业篇。

二、仓储管理的工作内容及人员组织

（一）仓储管理的工作内容

通过对仓储典型工作分析，我们可以发现：①企业物流与物流企业甲乙双方均有较为完整的仓储物流工作领域。从涉及的企业不同管理层级而言，包括以入出库为主体的日常运作、以绩效及数据分析为主体的战术管理层面、以设施规划为主体的战略管理层面；②甲乙方的基本角度不同形成各有侧重的管理内容。甲方侧重把仓储管理看成其企业运营管理的重要组成部分，重视其对企业整体的支撑作用，并着重加强对运营方的考核（在运营外包的情况下），对乙方而言，仓储业务会形成其物流运作收入的部分来源，侧重现场运营管理及每个作业环节的不断改善。

具体来说，仓储管理的工作内容是针对其目标围绕其管理对象进行的。如前文所书，仓储管理的目标是成本与服务（质量）的权衡，而其管理对象包括货物、资源（人、财、物），其工作内容则是要有效地利用资源完成对货物的出入库及保管作业，包含计划、组织、实施、控制等环节。具体来说，仓储管理的工作内容包含货物养护、人员管理、成本管理、仓库及设施设备管理、作业流程管理、绩效管理、安全管理、信息管理、仓库规划与设计等。其中，货物养护的核心任务是减少损耗；人员管理的核心任务是合理分工与评价；成本管理是通过正确核算与控制减少耗用；仓库及设施设备管理的核心任务是减少事故，通过合理维护保证其对正常运作的支持；作业流程管理的核心任务是保证流程顺畅及可追溯；绩效管理的核心任务是合理量化评价；安全管理的核心任务是减少人员、货物、设施设备等风险事故；信息管理的核心任务是有效记录、流转和应用各类作业信息；仓库规划与设计是针对新项目或新业务进行的仓库建设规划、库内设计等。

换一个角度来看，仓储从业人员会经由一定的职业成长路径：库房管理人员、项目协调人员、物流中高层管理人员。依据针对一些资深从业人士的调研，这三个阶段的主要工作活动如下。

1. 运营

（1）货物的接收和检验；

（2）货物的存储与堆码；

（3）货物的分类管理；

（4）货物的装卸搬运；

（5）货物的发运；

（6）货物的盘点；

（7）退换货及残品管理；

（8）仓库安全防范与管理。

2. 绩效管理

（1）仓库成本核算与分析；

（2）仓库管理 KPI 设计与分析；

（3）仓库的管理优化。

3. 中高层管理

（1）仓库的选址；

（2）流程设计与平面布置及储位安排；

（3）设施、设备的选型与配置；

（4）仓库信息系统的设计；

（5）仓储业务开发；

（6）客户需求调研与分析；

（7）仓储合同拟写与谈判；

（8）标书准备及投标申述。

（二）仓储管理人员的分工

为了完成这些工作，需要配套合理的组织架构。组织架构的设计受人员规模与主营业务的影响，一般而言，当人员规模大、业务层级多时，人员的组织可能呈现纵向层级，包含操作层、管理层和决策层，分别承担具体作业活动、基本管理活动和战略决策活动；当主营业务多或者说仓储功能复杂时，人员的组织可能呈现明显的职能划分，如分为商务组、单证组、理货组、叉车组、备货组、装卸组、发货组、包装组、流通加工组、盘存组、调度组、技术安全组、设备维护组、核算组、统计组等；另外，仓储管理人员还可能按照不同货物类型进行分工，如按管理不同保管条件的货物分为冷藏货物管理组、危险品货物管理组，或按管理不同用途的物料分为原材料组、半成品组、产成品组，分别对相应货物的出入库和保管负责；对于第三方仓储，还可能按不同客户组成不同的项目组，专门负责某个客户货物或专属库的运作。

（三）仓储管理人员的知识、能力、素质要求

1. 知识目标

（1）熟悉仓库内部岗位设置，掌握仓储的主要功能，熟悉各种常见仓库的特点；

（2）熟悉仓库管理的上下游关系，能够区分供应链不同环节的仓储类型与功能；

（3）掌握入库作业流程，熟悉货物入库准备的工作内容，掌握入库验收的基本要求和验收项目，熟悉入库所需的各种单据；

（4）掌握货物堆码苫垫方法和作业要求，掌握仓库货物盘点方法，掌握库存货物分类保管方法，掌握仓库安全管理及5S管理的内容和目标；

（5）掌握仓库储存物品的发放和出库流程；

（6）熟悉仓储成本的构成和控制方法，掌握仓储绩效评价指标体系；

（7）熟悉仓库的选址过程，掌握仓库布局的原则，熟悉常用的仓储设备，掌握仓库的货位编号方法和储位分配方式；

（8）熟悉仓库信息管理系统的业务模块和业务流程。

2. 能力目标

（1）能够熟练分析仓储的功能和仓库内部岗位职责及工作内容；

（2）能够顺利完成货物的入库准备、入库验收和入库制表工作；

（3）能够根据货物特点正确地完成货物的堆码和苫垫工作，完成货物定期盘点工作，并对货物进行分类保管，能够做好日常的仓库安全管理和5S管理；

（4）能够完成仓库的物品发放工作和物品出库工作；

（5）能够对仓储成本构成进行分析，并提出控制成本的方法，能够对仓储绩效评价指标进行分析，并给予评价；

（6）能够对现有仓库选址、仓库布局及仓库设施配置的合理性进行分析，能够完成货位编号和将储位合理分配；

（7）能够熟练操作仓库信息管理系统。

3. 素质目标

（1）培养安全意识、效率意识、责任意识、成本意识、环保意识、服务意识；

（2）培养爱岗敬业的职业道德；

（3）培养相互协作的团队意识，树立认真负责的工作态度和吃苦耐劳的精神品质。

【学习拓展】

不同的行业，不同产品对仓储管理的要求是不一样的。其产品的保管条件要求不一样，继而导致要求的仓库形态也不一样。与快速消费品相较而言，烟草、医药、服装、电子等产品的保管要求有较大不同，很多企业采取立体仓库的形态来进行该类产品的保管。立体库的主要特点是存储容量大、自动化程度高、可以节约仓储用地。如图 1-13 所示。

运作中的立体库

立体库设计图

图 1-13　立体库

在不同类型的企业，其仓储管理的组织结构也是不一样的。例如，对于制造型企业而言，会有如下几种典型的组织结构形态。

1. 简单型（如图 1-14 所示）

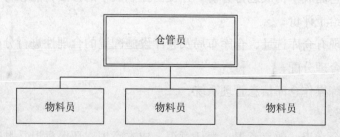

图 1-14　简单型仓储管理组织结构形态

2. 普通型（如图 1－15 所示）

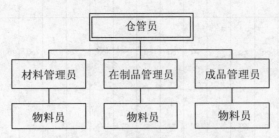

图 1－15 普通型仓储管理组织结构形态

3. 复杂型（如图 1－16 所示）

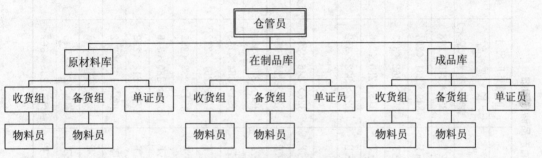

图 1－16 复杂型仓储管理组织结构形态

模块三 了解运营的货物

学习目标 ▶▶▶

应知	应会
1. 货物的分类 2. 货物属性对仓储管理的影响	根据货物类型或属性设计合适的仓储管理方案

【背景导入】

易通物流为北海粮油运营的主要货物是小包装食用油，品类及规格信息如表 1－6 所示。

表1-6 小包装食用油产品储存明细

序号	产品名称 标准全名	产品名称 标准简称	规格	包装类型 纸箱	包装类型 容器	单箱外形尺寸 长×宽×高（毫米×毫米×毫米）	单箱重量（千克）	最高堆码层高 每托箱高	最高堆码层高 几拍码高	温湿度
1	大豆油一级	豆一级	900mL×12	3层普箱	PET	326×246×298	12.18	4	2	20
2	大豆油一级	豆一级	1.8L×6	3层普箱	PET	349×231×294	10.89	4	2	20
3	大豆油一级	豆一级	2.5L×6	3层普箱	PET	391×262×323	14.96	4	2	20
4	大豆油一级	豆一级	5L×4	3层普箱	PET	315×280×346	19.43	3	2	20
5	大豆油一级	豆一级	5.3L×4	5层普箱	PET	322×322×352	21.44	2	1	
6	大豆油一级	豆一级	20kg×1							20
7	花生油一级	花一级	1.8L×6	3层普箱	PET	326×246×298	10.89	4	2	20
8	花生油一级	花一级	5.436L×4	5层普箱	PET	324×324×354	22	4	2	20
9	强化维A大豆色拉油	维A豆	5L×4	3层普箱	PET	380×270×330	19.88	3	2	20
10	纯正芝麻香油	香油	300mL×36	3层普箱	PET	354×354×188	11.63	5	2	20
11	纯正芝麻香油	香油	500mL×24	3层普箱	PET	402×267×232	12.38	4		
12	玉米油一级	玉一级	1.8L×6	5层彩箱	PET	351×233×295	11.19	4		
13	玉米油一级	玉一级	5L×4	5层彩箱	PET	315×280×346	19.99	4	2	20
14	特级初榨橄榄油	橄榄油	500mL×12	5层普箱	PET	282×212×222	11.23	4	2	20
15	特级初榨橄榄油	橄榄油	1L×6	5层普箱	PET	262×177×272	9.82	4	2	20
16	ARO一级豆		5L×4	3层普箱	PET	314×279×345	19.55	4	2	20
17	红钟大豆油		5L×4	3层普箱	PET	314×279×345	19.47	4	2	20
18	福掌柜花生油		10L×4	3层普箱	PET	345×235×367	19.4	4	2	20

思考与讨论

（1）作为一名新入职的员工，你需要了解货物的哪些特点？为什么？你可以设计个表格将其特点逐一列出。

（2）分析为什么食用油会有如此多的规格？

食用油规格迷人眼　价差最高超两成

面对量价齐跌，食用油厂商叫苦不迭的同时，却想出了"创收"新花招。市场上桶装食用油的规格已从常规的四五种发展到如今的十余种，诸如 5.436L、4.8L、4.5L、1.6L、1.18L 等新规格包装层出不穷，但稍加比较就发现，同样的油只要装进不同规格的包装，价格立马发生变化，价差最高的甚至超过了两成。

消费者会了解到原价 61 元的大豆油降价为 59 元，本以为捡了便宜，但回到家才发现，虽然价格降了，但该款食用油的规格不知何时已从 5L 变成了 4.8L，如此算下来，消费者买的"降价"油实际上比打折前每升还贵了 9 分钱。

细心的人会发现，装同样的油但规格一变就出现价差的现象，在桶装食用油中比比皆是。以某种品牌的油为例，我们可以比较其三种规格的包装，1.8L 装的卖 24.8 元；2.5L 的卖 33.1 元；5L 的卖 54.8 元，三种规格平均每升的售价分别是：13.78 元、13.24 元和 10.96 元，人们一看就明白，同样的菜籽油，1.8L 装的和 5L 装的价格平均计算下来，每升竟然相差了 2.82 元，价差幅度超过两成。

超市的食用油采购人员对来桶装食用油市场上频频出现新规格包装的现象已见怪不怪。而一位不愿透露姓名的食用油厂商表示，频繁推出新规格，和近半年来食用油市场销售疲软、厂商想借更多的方式促进销售有关。来自超市的统计称，每当有较小的新规格包装推出，而价格又比老包装低几元时，其销售增长就非常明显，不过，时间一长，销量又会恢复到较正常的水平。

资料来源：改编自欧阳祖兵。http://www. foods/. com/content/811302/.

（3）食用油的规格会和仓储及物流活动的哪些方面相关？

（4）请通过资料查询说明一般食品、家电、机械设备、药品、化工产品的存储条件，并汇总成表 1-7。

表 1-7 不同产品存储条件汇总

货物类型	细分类型	仓储条件要求		
		温度	湿度	……
食品	冷藏			
	非冷藏			
	……			
机械设备				
药品				
化工产品				
……				

【知识要点】

一、货物的分类

仓储管理的主要对象是货物，货物的类别和属性会对仓储、运输、装卸搬运、配送、包装、流通加工、信息处理等物流作业活动产生影响。

根据中华人民共和国国家标准《物流作业货物分类和代码》的规定，将货物分为 18 个大类，分别是煤炭和矿石、石油及制品、压缩气体和液化气体、钢铁和有色金属、矿物性建筑材料、木材及制品、肥料/农药及盐、粮食、机械设备及其零部件、大型机械装备及零部件、电子设备仪器及元器件、化工原料及化工制品、日用工业品及文化体育用品、医药品、饮食品及烟草制品、服装及纺织制品、农副产品、其他物流物品。18 个大类下含 118 个中类、106 小类，组成三个层次。货物的分类原则如下：

（1）该标准的分类对象是物流作业中涉及的各种货物，包含了我国各行业的主要产品和特有产品。

（2）按运输工具、仓储设施、装卸方式等特性进行分类。

（3）依据各类货物的自身特性，尽量将理化特性相同或相近的货物分为一类。

（4）依据供应链各环节上下游关系，按产品的产业源及产品的性质、加工工艺、用途等基本属性进行排序。

二、货物的性质

货物的性质包括物理化学性质及商品性质，均会影响仓储管理的质量、成本、安全等目标的达成。一方面货物的物理化学性质会储存条件提出要求，影响货物损耗，特殊货物保管不当还会带来安全问题；另一方面货物的商品性质，如货物规格、包装类型、货物价值等会对设施设备选用、货位设计、分类管理等提出要求，直接影响物流作业活动。例如，物品的外形与体积会直接影响到货物保管所占用的空间及装卸搬运设备的选用；金属制品可能是条状、片状、块状、线状的，同时保管上需要防锈防腐蚀，非金属制品可能是粉状、颗粒状、不规则状；电子器件则会对温度、湿度、静电等有要求，光学元件则需要防污染、防刮伤；食品则主要需要保质、防腐、防尘，化学品则要防挥发、防泄漏，感光材料则需要防光。再比如气体，则需要密封处理，同时严格区分有毒还是无毒，对环境是否有损害，继而防止泄漏和对环境的污染；对于液体，很重要的一点也是防渗、防漏处理。专业的仓储管理人员需要深入掌握货物的各种性质，这里不能一一详述，仅就货物理化性质重点介绍。

三、货物损耗的形式

货物在仓储过程中的损耗是由物理机械变化、化学变化、生化变化等带来的。

(一) 物理机械变化

物理变化是指只改变物质本身的外表形态，不改变其本质，没有新物质生成，并且有可能反复进行的质量变化现象。如固态的冰受热融化成水，液态的水蒸发变成水蒸气；水蒸气冷凝成水，水凝固成冰。机械变化是指物品外力的作用下，发生形态变化。物理机械变化的结果不是数量损失，就是质量降低，甚至使物品失去使用价值。物品常发生的物理机械变化主要有挥发、溶化、熔化、渗漏、串味、冻结、沉淀、破碎、变形等形式。

挥发是低沸点的液态物品或经液化的气体在空气中汽化散发的现象，会降低物品有效成品、增加损耗。常见的易挥发物品有酒精、白酒、香精、花露水、香水及化学试剂中的各种溶剂，医药中的一些试剂，部分化肥农药、杀虫剂、油漆等。挥发的速度与气温高低、空气流速快慢、液体表面接触空气面积大小呈正比关系，应通过加强包装、控制温度来预防。

溶化是固体物品吸收环境中的水分达到一定程度时溶化成液态的现象。此类物品具有吸湿性和水溶性，常见于食糖、食盐、明矾、硼酸、氯化钙、氯化镁、尿素、硝酸铁、硝酸锌、硝酸锰等。溶化与空气温度、湿度及物品堆码高度有关，应注意控温防潮，对货垛底层的物品特别注意通风和隔湿。

熔化是指熔点低的物品受热后软化甚至变为液态的现象。熔化受气温高低的影响，也与物品本身的熔点、杂质含量有关。熔点越低越容易熔化，杂质含量越高越容易熔化。常见于香脂、发蜡、蜡烛、复写纸、蜡纸、圆珠笔芯、松香、石蜡、硝酸锌、油膏、胶囊、糖衣片等。控温隔热、放置日照是预防熔化的常见办法。

渗漏是液态物品由于包装破裂发生的滴漏现象。渗漏主要受包装材料性能、包装容器结构及包装技术优劣的影响。

串味是指吸附性较强的物品吸附其他气味从而改变原有气味的变化现象。此类物品多含胶体物质，且疏松多孔。常见易被串味的物品有茶叶、大米、面粉、木耳、食糖、饼干、卷烟等。而汽油、煤油、桐油、樟脑、卫生球、肥皂、化妆品及农药等物品容易造成其他物品串味。串味与物品密封情况、异味浓度、接触时间长短有关，应将易被串味的物品与强烈气味物品隔离存放。

沉淀是指含有胶质和易挥发成分的物品在低温或高温等因素影响下部分凝固而发生沉淀或膏体分离的现象。常见于墨汁、牙膏、化妆品、部分饮料、酒等。一般应通过控制温度预防。

破碎和变形是常见的机械编号，通常是由外力所致。玻璃、陶瓷等易碎品应注意加强包装、避免野蛮装卸搬运、减少堆码层数等。变形多见于塑性较大的物品，如铝制品、皮革、塑料、橡胶等，应避免长时间挤压或受强烈外力撞击。

（二）化学变化

化学变化是在外界环境的影响下商品本身的性质和结构发生了变化，物品经化学变化有新的物质生成。如铁的生锈、节日的烟火、酸碱中和等。物品的化学变化形式主要有分解、水解、化合、聚合、氧化、裂解、老化、风化等。

分解是指性质不稳定的物品在光、电、热、酸、碱及潮湿空气作用下，由一种物质生成两种或两种以上物质的变化。分解的过程不仅带来货物损耗，还会放出热量或可燃气体，造成安全事故。如过氧化氢、漂白粉都是易分解的强氧化剂和杀菌剂。这类物品要注意包装物的密封性及保持干燥、通风。

水解是指物品在一定酸碱条件下遇水发生分解的现象。如肥皂在酸性溶液中、蛋白质在碱性溶液中、棉纤维在酸性溶液中都会水解。此类物品应注意包装物的酸碱性。

裂解是高分子有机物在日光、氧气、高温条件下发生分子链断裂、分子量降低，从而降低强度，性能变差，发软发黏等现象。常见于天然橡胶、塑料制品中的聚苯乙烯、棉、麻、丝、毛等。要注意隔热、防晒。

老化是指含有高分子有机物成分的物品在日光、氧气和热的作用下性能变坏，出现变硬变脆、变软发黏等现象。常见于橡胶、塑料、合成纤维。

（三）生化变化及其他生物引起的变化

生化变化是指有生命活动的有机体物品，在生长发育过程中，为了维持生命，本身所进行的一系列生理变化。如粮食、水果、蔬菜、鲜鱼、鲜肉、鲜蛋等有机体物品，在储存过程中，受到外界条件的影响和其他生物作用，会发生各种变化，主要有呼吸、发芽、胚胎发育、后熟、发酵、霉腐、虫蛀、鼠咬等。

四、影响货物损耗的原因

货物本身的物化性质是影响货物损耗的内因，但无法通过仓储管理改变，而自然因素、人为因素和储存期等外部因素是可以通过管理手段控制的，也是我们关注的重点。

（一）自然因素

自然因素主要指温度、湿度、有害气体、日光、尘土、杂物、虫鼠害、自然灾害等。

1. 温度

温度即大气的冷热程度。库外露天的温度叫气温，仓库里的温度一般叫库温，货垛物品的温度叫垛温。除了冷库外，仓温直接受气温的影响，垛温也就随气温同步变化。垛温太高时，会融化、膨胀、软化，容易发生腐烂变质、挥发、老化、自燃，甚至物理爆炸现象。垛温太低时，会变脆、冻裂、液体冻结膨胀等损害货物。

2. 湿度

湿度即大气的干湿程度，大气的干湿程度取决于大气中的水汽含量的多少，可以用"干湿球温度计（表）"测定和经过换算得出。湿度分为绝对湿度、饱和湿度和相对湿度三种方式。

（1）绝对湿度。是指空气中含水汽量的绝对数，用"帕（Pa）"或"g/m^3"表示。绝对湿度只有与温度一起才有意义。温度越高，空气中水分子的动能越大，空气含水汽的能力就越高，空气的绝对湿度就会越高。

（2）饱和湿度。指在一定气压、气温条件下，单位体积空气中所能含有的最大水蒸气重量。

（3）相对湿度。是空气中的含水汽量与相同温度空气能容纳下的最大水汽量的百分比，最大时为100%。相对湿度越大，表明空气中的水汽量距离饱和状态越接近，表示空气越潮湿；相反，相对湿度越小，表明空气越干燥。

三者之间关系：

$$相对湿度＝（绝对湿度/饱和湿度）×100\%$$

三个湿度的概念中相对湿度对于仓储管理最有意义，不同物品对相对湿度的要求不同。例如，真菌、微生物和蛀虫在适宜温度和相对湿度高于60%时繁殖迅速，会使棉毛丝制品、木材、皮革、食品等发生霉变；绝大多数金属制品、电线、仪表等在相对湿度超过80%时锈蚀的速度加快；而竹器、木器和藤制品在相对湿度低于50%时容易失水变形或干裂，但相对湿度超过80%时又容易发生霉变。

3. 有害气体

有害气体主要是煤、石油、天然气、煤气等燃料放出的烟尘及工业粉尘和废气，主要成分为二氧化硫、硫化氢、氯化氢等。这些气体溶解于水后会形成腐蚀物。

4. 日光、尘土、虫鼠害

日光下曝晒会使物品或包装物出现变形、褪色、老化等现象，还会引起温度升高带来挥发、熔化等；尘土会污染食品，影响精密仪器的精度；虫鼠害会污染物品并损害仓储设施设备。

（二）人为因素

1. 保管场所选择不当

货物的理化性质对保管条件提出要求，若违反这些性质储存货物就会引发货物损耗。

2. 包装不合理

有效的包装能避免货物被外力破坏并防止渗漏、挥发等。包装材料或形式选择不当、包装不充分等都会引发货物损耗。

3. 装卸搬运不合理

野蛮装卸搬运或使用不合理的设备最容易造成货物的物理机械变化。

4. 堆码苫垫不合理

垛形不合理、超高超重堆码、不同性质的物品混码、衬垫或苫盖不合理都会造成货物的损耗。

五、货物保养措施

货物保养措施包括严格验收入库物品、合理安排储存场所、科学堆码苫垫、控制温湿度、定期进行在库检查、做好清洁卫生等。下面仅就温度、湿度控制方法做介绍。

（一）温度控制

（1）普通仓库的温度控制主要是避免阳光直接照射货物。仓库遮阳采用仓库建筑遮阳和苫盖遮阳。

（2）对温度较敏感的货物，在气温高时可以洒水降温。对怕水的货物可以对苫盖、仓库屋顶洒水降温。

（3）对容易自热的货物，应经常检查货物温度，发现升温时，可以采取加大通风、洒水、翻动货物等方式降温。必要时可以采用在货垛内存放冰块、释放干冰等措施降温。

（4）在严寒季节，可以用加温设备对货物加温防冻。

（二）湿度控制

1. 湿度太低的控制

湿度太低意味着空气太干燥，应减少仓内空气流通，采取洒水、喷水雾等方式。

2. 湿度太高的控制

湿度太高时，应封闭仓库或密封货垛，避免空气流入仓库或货垛；在有条件的仓库采用干燥式通风、制冷除湿；在仓库或货垛内摆放吸湿材料，如生石灰、氯化钙、木炭、硅胶等；及时擦干、排出出现的汗水；特殊货仓可采取升温措施。

【学习拓展】

接下来我们了解一下另一类产品：IT 类产品。

1. 货物的物理特性

物理特性包含：货物自身的长、宽、高，重量，包装情况，会影响你在入库码放时选择合适的货位存储这些货物；影响日后在进行货物发运时对货物进行二次包装的操作；影响航空和公路运输时的计费重量的计算，如航空中的泡货。

IT 类的货物多为电子类产品，大部分产品需要加电才能使用或发挥其功能。那么作为一名新入职的员工，你需要了解 IT 货物的哪些特点？为什么？你可以自己设计个表格将其特点逐一列出。

小提示

IT 类有些货物是没有实物的，你知道是什么吗？

序列号 license/服务证明，这些都属于 IT 类的货物，但是它没有实物对应，可能是电子邮件内的一串数字，也可能是一项承诺的服务。例如中关村电脑城电脑售出后的 3 年质量保证服务。

2. 货物的用途和目标的客户

了解一项货物，需要明白货物的原厂家是谁，在行业内的地位如何，他们有没有可以替代的同行业的竞争对手，竞争对手的货物跟这些有什么区别？库管可不仅仅是存放货物的地方，你需要将自己看做是一个专业管理人员，要对产品的来源和出处进行了解，并清楚本部门的一些规定的制定原因。

小任务

设计一个如表1-8所示的表格，写出电脑的用途和可能的目标客户，写出他们对货物关注的点。

表1-8　　　　　　　　　　电脑用途及目标客户情况

货物名称	用途	目标客户	目标客户关注的部分
电脑			
内存			
鼠标			
……			

3. 货物的属性

IT行业货物的属性要重点关注其参数、配置的不同。外表相同的两台机器，其配置和参数的细小差别会使货物的金额产生非常大的差距。

小任务

去中关村的相关网站上进行搜索，列出现在方正电脑、台式机主流电脑的配置情况（任选两款），并自行设计表格进行描述。如表1-9所示。

表1-9　　　　　　　　　　主流电脑配置情况

货物名称	了解的渠道	金额（元）
方正台式机	中关村网站、方正网站	5000
HP服务器	HP网站、代理商网站	3万～10万
Oracle 100用户软件		100万～500万
杀毒软件		

4. 货物的编码（PN）、序列号（SN）、批次

每一个货物都会有自己的物料编码，这个物料编码会随着公司的不同而不同。一般来讲，制造厂商的物料编码的编制规则和编制水平会影响整个链条及其他企业的编码使用情况。

（1）编码：产品名称。

PN：Part Number，即零件号/产品代号。一般来讲，PN对厂家而言代表着一个物料的名称。

（2）序列号。

SN：Serial Number，类似于产品的身份证号。一般来讲同一厂家的产品名录下，序列号是唯一的。

（3）批次。

批次：重点表述时间和有效期的一个货物属性。一般分为：

（1）厂家批次：原厂出厂时标注在货物上的批次；

（2）时间批次：每个企业入库时录入的当天的时间，如 YYMMDD 090807 代表 2009 年 8 月 7 日到货入库的；时间批次被广泛应用于系统自动核算库龄的算法中。

5. 货物的价值

作为一名库管，一定要清楚知道自己管理货物的大致金额。货物的价值跟行业和产品有关。不同行业的货物价值差别很大。IT 行业的货物一般都是高金额、高价值的。熟悉自己管理产品的价值有利于库管加强自己的装卸搬运操作的安全性。

货物的价值是随着存储时间变长而跌价的，原因是 IT 行业产品的更新换代特别快，往往现在主流的产品在 3 个月后将会退出市场，被新的产品所取代。这个行业特性决定了IT 行业的库存管理将是一个很特殊和很有挑战性的工作。相对应地，作为一名库管熟悉自己管理产品的货物价值，和在库存储一段时间后的货物残值，对自己的工作和管理工作、反馈工作将会有很大好处。

项目二 仓储作业流程

模块一 一般仓储作业流程概览

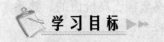 **学习目标** ▶▶

应知	应会
1. 仓储一般作业过程 2. 出入库标准作业流程 3. 仓储作业流程中的人员分工	根据作业流程描述画出流程图或根据作业流程图描述流程

【背景导入】

供应链谈起来很大，但其实是从每一天货物的出库入库为基础操作的。易通物流作为中粮集团倡导的"全产业链"模式中的连接纽带已有7年的历史，易通中粮项目的发展见证了中粮的进步，在其供应链中扮演了至关重要的角色。而位于天津中粮油脂工厂（北海粮油工厂）的分仓和分布于东北、西北大区的沈阳、西安、兰州、成都、乌鲁木齐的中粮油脂的中转仓，每一天都在进行着大量的入出库工作。易通物流公司为中粮福临门油项目的仓储作业制订了标准作业程序SOP（Standard Operation Procedure），流程的标准化为中粮提供着高效的日常物流支持和保障。如图2-1和图2-2所示。

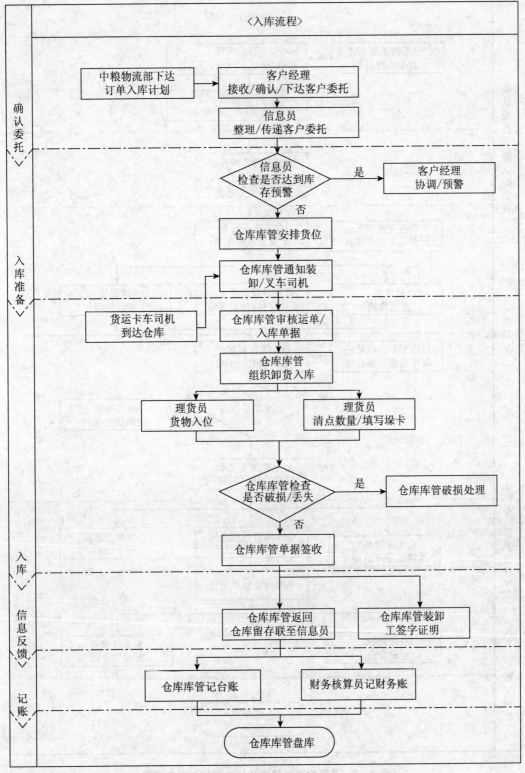

图 2-1 易通物流中粮福临门仓库作业入库流程

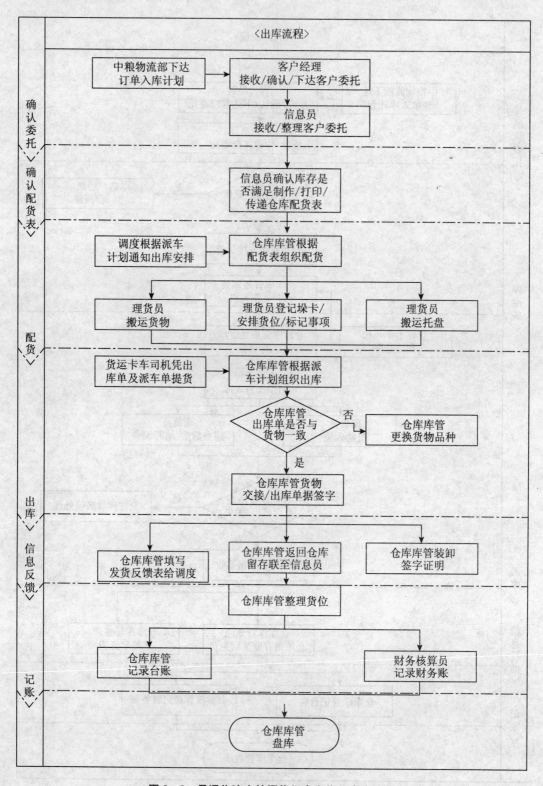

图 2-2 易通物流中粮福临门仓库作业出库流程

思考与讨论

（1）入出库作业涉及的工作岗位有哪些？

（2）入出库作业流程中的核心作业环节有哪些？

【知识要点】

仓储的一般作业过程包括从仓库接收入库指令开始，组织货物入库，进行保管，到按出库指令将货物拣出、发送的全部操作（如图2-3所示）。它是货物在仓储过程中必须经过的，按一定顺序相互连接的作业环节。一般而言，仓储作业过程按从入库到出库的顺序包含订单处理、入库验收、理货、储存、拣选和集中、装车发运等作业环节，有时在装车前还进行二次包装或流通加工作业。在整个仓储作业过程中贯穿着货物流和信息流，伴随着大量的装卸搬运作业。各个作业环节之间并不是孤立的，它们存在前后工序或并行工序的相互联系，涉及不同岗位人员的分工与合作，若具体工作流程设计不合理，容易产生作业环节瓶颈，导致对其他作业环节及整个作业过程的制约。因而，具体到实施层面，各个仓储机构，甚至是同一仓储机构的不同库区或项目，均需要详细设计可操作的作业序列，即仓储作业流程。仓储作业流程的设计是为了实施具体作业，是基于岗位的，是对具体作业甚至动作的序化，对作业产生分支时要进行判断。仓储作业流程设计的核心目的是尽量减少人员动作，缩短货物的搬运距离和作业时间，以提高作业效率、降低作业费用。反过来，还可以通过作业流程的优化平衡或重新划分岗位分工。

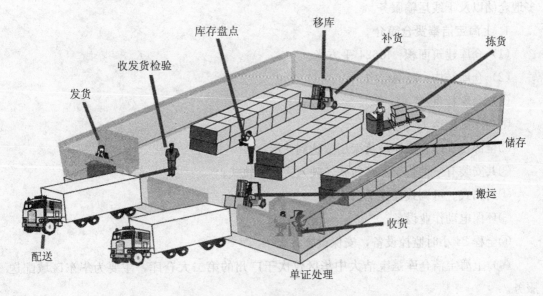

图2-3 仓储作业过程

★ 资 料

SOP

所谓 SOP，是 Standard Operation Procedure 三个单词中首字母的大写，即标准作业程序（标准操作程序），就是将某一事件的标准操作步骤和要求以统一的格式描述出来，用来指导和规范日常的工作。

SOP 的精髓，就是将细节进行量化，用更通俗的话来说，SOP 就是对某一程序中的关键控制点进行细化和量化。

配送中心的各个环节的作业虽然简单，不需要工人有较高的技术水平，当时由于配送中心的工作量大，作业频繁，以一个工人一个工作日处理一万件产品为例。借助于科学的 SOP 的制定，一个动作的节省一天就好似一万次，如此下来一个月、一年、整个物流配送中心的节省就非常客观了。

资料来源：孙军华 . SOP 在物流配送中心中应用的探讨 [J] . 商场现代化，2009（2）.

【学习拓展】

招商局物流集团与宝洁牵手始于 2002 年，目前，负责宝洁中国广州、上海、沈阳等多地仓储以及干线运输服务。

1. 上海宝洁奉贤仓简介

（1）仓库建筑面积：45624 平方米。

（2）仓库结构：轻钢结构。

（3）仓库特点：

①仓库高度达 12 米左右；

②全部是立体仓操作，货架层数达到 6 层；

③共安装有三种货架：宽轨式、驶入式和窄轨式；

④封闭式、可调式操作平台；

⑤环保电动作业设备；

⑥全程 24 小时监控设备，安保设施齐全。

（4）上海宝洁仓库是宝洁大中华区仅次于广州的第二大仓库，主要为华东区域配送服务。

2. 招商物流服务于宝洁项目的人员组织架构（如图2-4所示）

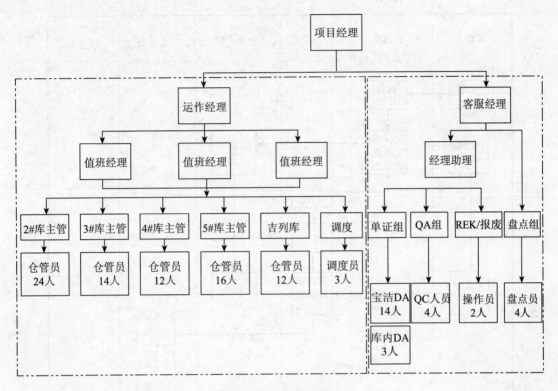

图2-4 项目组织架构

3. 仓储作业流程（如图2-5所示）

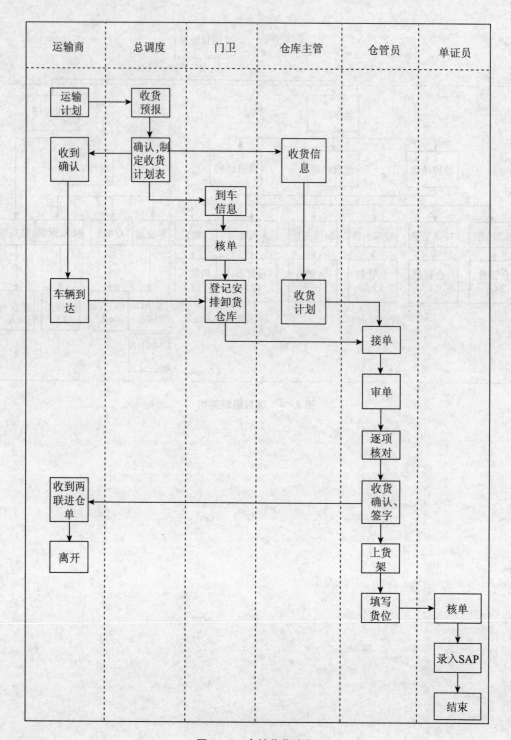

图2-5　仓储收货流程

模块二 收货入库

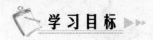

应知	应会
1. 入库指令及入库计划的内容	
2. 入库准备的工作内容	1. 制订入库计划
3. 货物验收与交接的一般标准	2. 判断和处理交接异常
4. 入库表单的内容和作用	3. 设计和填制入库表单
5. 入库登记的信息及档案内容	

【背景导入】

1. 了解入库作业环节

易通物流天津分公司负责的中粮 DC 入库及验收流程如图 2-6 所示。

中粮运输专员在前一天晚上 20：00 前，将次日的移库计划（这里"移库"指从中粮的工厂移至易通物流的仓库，对于易通物流而言就是入库指令）发给易通物流客服经理（如表 2-1 所示）。移库计划是由中粮运输专员根据 SAP 系统导出并整理的，其信息包括交货单号、发货日期、订单号、物料编码、物料描述、发货数（移库数）、发货批号、发货库（中粮生产厂家的库房）和送达方名称（即为中粮天津 DC），再由客服经理根据各级职能部门所需将其所需的信息分类整理后，分别发送给分公司调度、DC 库信息员和库管。信息员接到指令后，将其录入系统；库管根据移库计划调整货位、整理托盘、安排叉车和人员，准备接收货物。

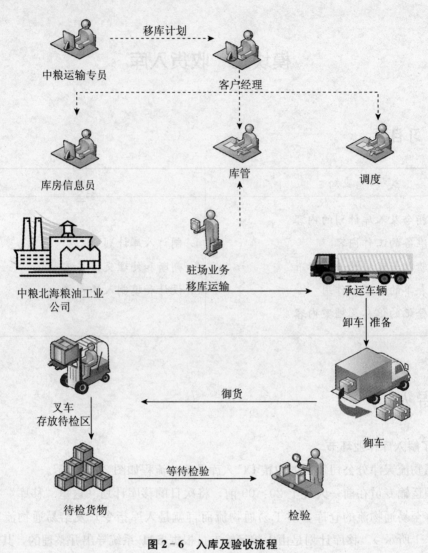

图2-6 入库及验收流程

表2-1   移库计划

交货单号	发货日期	订单号	物料编码	物料描述	发货数	发货批次	发货库号	送达方名称
80486204	1月26日	4500039955	1209000007	福临门非转压榨花生油 5L×4	972	D1001	C003	天津易通库
80486730	1月26日	4500040051	1201000074	福临门天然谷物调和油 900mL×12	74	D1001	C003	天津易通库
80486731	1月26日	4500040051	1201000082	福临门天然谷物调和油 5L×4	300	D1001	C007	天津易通库

调度根据移库计划调度相应的车辆（移库车一般为 12.5 米的敞车和 9.6 米高栏或半封闭车，12.5 米敞车装载量为 1500 箱约 30 吨，9.6 米高栏或半封闭装载 1200 箱约 24 吨），如图 2-7 所示，移库车辆从工厂发车后，驻场业务就会第一时间通知库管即将到货的车号、品种、数量及联系方式。

图 2-7 移库车辆

车辆到达库房后，库管会要求司机将车辆停靠在卸货区域，然后，将我公司开具的运单（如图 2-8 所示）一并拿来，库管以此核对单据信息是否与入库指令单信息一致，一致，则开车验货；否，打电话核实，再做处理。

司机将车停靠完毕后，将缆绳和车门打开等待检验和卸货。库管持单据对货物的品种和外观进行检验，对于第一眼可以看到的破损或阴漏挑出来放在退货区等待处理。如已经无异议，就安排叉车司机卸货，并在卸货过程中继续检验，直至该车货物卸货完毕。

卸货叉车司机根据库管的指令，将货物从车上卸下后，暂时存放于库房待检区，并且按照品种和日期分开码放。如发现卸货过程中有破损和阴漏的情况，则将货物直接放到退货区由库管处理。

等待一车货物全部卸货完成后，库管再根据入库指令单对货物的品种、数量进行检验，并确定破损和阴漏的原因，如是运输车辆责任，则由司机当场赔付；如是原厂货物质量问题，则存放在退货区统一处理。确认无误后，库管在公司运单上签字，并开具入库单（如有货损则开具退货单，双方签字确认），如图 2-9 所示，将所有单据的库房联和客户单据库房留存，其他交给司机。

托运人单位 Company name	中粮集团		运　单		运单编号 B/L NO.	**0139177**
联系人 Name	陈××		**BILL OF LADING**		订单编号 Booking Order No.	
联系电话 Phone	010-××××××××					

托运人指定 发货单位 Company name	北海粮油
托运人指定 取货地址 Address	天津市塘沽区胡家园北路
联系人 Name	张××
联系电话 Phone	022-××××××××
收货人单位 Company name	天津易通库（DC库）
收货人地址 Address	天津市东丽区招商局物流 天津分公司库房
联系人 Name	刘××
联系电话 Phone	022-××××××××

单据缮制 Issued By:　马××

易通交通信息发展有限公司物流分公司
Etrans Information Development Co., Ltd.Logistics Branch
北京市通州区物流基地（马驹桥）融商六路1号
电话/传真：010-60502737/60502543
服务查询:http://www.etflat.com.cn

制单调度签字 Compacity control	马××	提货人签字 handover	
调度时间 Date and time	××年××月××日	提货时间 Date and time	
主要运输方式 Mode	服务等级 Svc Level	服务方式 Svc Type	要求到达时间 ETA
汽运	普	门到门	当天运送

塘沽		天津	中转城市 City		中转联系人 Contact		联系电话 Phone
运输工具编号 Voyage	津A×××××	承运人 Carrier　（承运公司名）	中转地址 Address				
		张××	特约事项 Instruction		138×××××××（司机电话）		

委托明细编号 Order detail no.	物料编号 Stock code	物料名称 Part description	包装数量 Packages	单位 Unit	重量 Weight	体积 Messurement	额外信息 Extra
	5L×4	大豆油	1500	箱	30 t		
小计 Sum							

货物描述，货物标识 Marks And Goods Description	包装名称 Package name	毛重量 Gross Wgt.	体积 Messurement	计费重量 Ch.Wgt.
纸包装	纸	30t		

请仔细阅读背书，您的签字意味着您同意该条款。
Your signature indicates you have read,fully understand and accept the"domestic express service agreement"on the back of this form.

是否运输保险 insurance or not		运费明细1 Freight charges 1		运费明细2 Freight charges 2　×××元	
运费条款 Payment terms		协议价 Contracted		运输费/Freight　×××元 提货费/pick up 配送费/distribution 其他费用/other	
投保金额 Insured Value		小计 Sum　×××元		小计 Sum　×××元	

郑重确认上述货物已经被恰当地分类，包装，做标记，贴标签，并且适于运输，特别标注除外。	郑重确认收到上述货物，状态良好，特别标注除外。 实收1500箱	郑重确认收到上述货物，状态完好，特别标注除外。
马××	刘××	张××
日期时间 Date and time　××年××月××日	日期时间 Date and time　××年××月××日	日期时间 Date and time　××年××月××日

本运单共4联/第一联（白）易通物流存查联/第二联（粉）承运人存查联/第三联（黄）收货签收联/第四联（绿）发货人存查联
Total 4 pages /The 1st page for E-trans/The 2nd page for Carrier /The 3rd page for Consignee /The 4th page for Shipper

图 2-8　运单

易通物流入库单 NO.0010926

日期：××年××月××日 车号：冀ABI6×× 司机签字：翁×× 库管签字：王××

序号	产品编号/派车单号	项目名称	货物名称	规格	数量	单位	重量/体积	条码	备注
1	5L×4	中粮	大豆油	5L×4	1500	箱	30吨		
2									
3									
4									
5									
6									
7									
8									
合计					1500				

第一联：库房存根

注：此单据为易通所属库房入库的唯一凭证，务必认真填写，妥善保管，如不认真或不填写内容或丢失，公司将不承担相应责任。

图2-9 易通物流入库单

库管根据入库单填写垛卡，如图2-10和图2-11所示，完成接收和检验工作。

库管对货物检验完毕后，会通知装卸工将货物严格按照入库叉车司机按照"ABC分类法"和"先进先出"原则将待检区检验合格的货物入正常货位；将检验不合格的货物放入废品货位或退货区。如图2-12所示。

入位完毕后，将新入货位号和相对应的货物品种、数量填写垛卡，交库管盘点确认后，填写库房台账并将入库单返给信息员录入系统。如图2-13所示。

编号_____类	编号_____类	编号_____类	编号_____类	编号_____类

存货（料）卡

第___2___页

| 名称 | 福临门大豆一级 | | | 规格 | 5L×4 | | | 单位（箱） | | | |

最高存量_____　　　　最低存量_____　　　　标准订购量_____

日期		摘　要	凭证号数	收入数量	付出数量	结存数量	日期		摘　要	凭证号数	收入数量	付出数量	结存数量
月	日						月	日					
		承前页				15000			承左面				
×	×	发太原市			1500	13500							
×	×	塘沽发货		7500		21000							
		过右面							过次页				

图2-10　存货/料卡（垛卡）

图2-11　货垛上的垛卡

图 2-12 正常货位

图 2-13 录入系统

2. 入库操作的完整一天

天津中粮 DC 中心为中转式仓储中心，中粮油脂部根据生产计划和预定需求确定每天的移库数量，假设为 15000 箱，其中，涉及 4 个规格 8 个单品。中粮的运输专员将这 15000 箱货制作成移库计划，于当天晚 20：00 前发给易通物流的客户经理。客户经理再将移库计划分别发送给信息员、调度、库管。

然后，调度根据移库品种安排 10 车辆 12.5 米的敞车移库，并将移库车辆信息告之现场业务。同时，库管根据移库计划中货物的品种调整货位、安排叉车和托盘。

次日，现场业务带这 10 辆车到中粮油脂工厂装车，在每辆车装完车后，电话通知库管车辆的预计到车时间。

车辆到达库房后，库管会要求司机将车停靠在卸货区域，待初次检验完毕后，要求叉车司机卸车，将货物发到待检区，在库管检验完毕后，叉车司机再将货物根据相应货位入位。

12：00，第一车货到了。你（库管）要求司机将车辆停靠在卸货区域。然后，将运单拿来，库管以此核对单据信息是否与移库计划信息一致，一致，则开车验货；否，打电话核实，再做处理。

单据验收无误。司机将车停靠到入库月台，将缆绳和车门打开等待检验和卸货。库管持单据对货物的品种和外观进行检验，对于第一眼可以看到的破损或阴漏挑出来放在退货区等待处理。如已经无异议，就安排叉车司机卸货，并在卸货过程中继续检验，直至该车货物卸货完毕。如图 2 - 14 所示。

卸货过程中，你发现出现了外观差异，破损、阴漏。

图 2 - 14　破损货物放至退货区

出现了外观差异、破损（如图 2 - 15 所示），你应该怎么办？

图 2 - 15　外观差异

验货发现数量、规格、品种和移库单据不符合，你应该如何签收？

小资料

货物的接收和检验技巧

货物被搬运出货运公司的送货汽车后，货物签收人员应逐一检查所有的货物外包装箱，看看是否有包装箱损坏。如果所有的包装箱没有损坏，货物签收人员应清点包装箱的个数，并记录。货物签收人员应向运输货物的汽车司机索要货运提单，然后将自己的清点结果与货运提单中的箱子数量进行比对。如果数量一致则在货运提单上签字，表示货物已经被接收，货运公司将完成自己的运输义务，并对以后的一切不再负担任何责任。如果数量不一致，货物签收人员应拒绝接收货物，责成运输公司查明原因。

如果货物签收人员发现包装箱有破损情况，首先用一般生活常识判断里面货物是否受损（不必具备专业知识，用一般生活常识即可。例如，包装箱只是磕瘪了一处，里面的货物并未漏出。用手触摸，磕瘪处内部似乎有柔软的包装材料保护，内部设备受到损坏的可能性并不大，或者外包装的木箱有裂痕，但并未漏出里面的货物等）。

如果判断为里面的货物未受损坏，只是外包装受损，货物签收人员可以接收货物，也可以拒收货物。但我们建议接收货物，并用照相机取证，在货运提单中注明受损情况，向托运单位联系人通报受损情况。如果用一般生活常识及肉眼就能判断出内部设备已经受损，则应拒收货物，并向托运单位联系人通报受损情况，以便向运输公司索赔。供货单位可根据情况重新发货。

卸货叉车司机根据你（库管）的指令，将货物从车上卸下后，暂时存放于库房待检区，并且按照品种和日期分开码放。

接下来13：00至15：00，其他的车辆陆续到来。

下午5：00，你开始将今天的入库单交给信息员录入系统，至此，完成了一天的入库工作。

信息录入系统如图2-16所示。

中粮食品营销有限公司 - MM报表01 - 库存日报表																	
（ 2010 ）年（ 1 ）月（ 5 ）日（ ）工厂																	
单位：箱																	
					入库						出库						
品牌	品类	物料编码	物料描述	本日结存	生产情况			其他入库			发货情况			其他出库			上日结存	备注
					本日	月累计	年累计	本日	月累计	年累计	本日	月累计	年累计	本日	月累计	年累计		
		1240000236	福临门天然谷物调和油180瓶*48	0														
		1229000070	福临门天然谷物调和油200ml*48	0														
		1229000071	福临门天然谷物调和油300ml*36	0														

图2-16 信息录入系统

【知识要点】

入库作业是仓储作业管理的第一步，也是仓储作业管理关键的环节，直接关系到后面的在库、出库作业管理能否顺畅与方便。物品入库一般经过入库指令处理、入库计划和准备、接运或到库登记、卸货、验收与交接、理货与放置储位、入库信息处理（或登记入账）等环节。对这些作业活动必须进行合理的安排和组织。

一、入库指令处理

入库指令是第三方仓储物流企业的客户或工商企业的生产或销售部门对仓储服务产生需求，并向仓储机构发出需求的通知。通知可能来自电话、电子邮件、传真或已对接的信息系统，由客户服务人员（或专门的订单处理人员）、仓库调度或单证人员接收。入库指令中的信息一般包括货物种类、名称、物化特征、批次、所属客户、数量、包装单元、体积、重量、预计到货时间、预计存储时间以及客户有无特别要求。接收人员要查对这些信息，如有缺失，应根据历史情况做出判断或向客户查询确认。核对无误后需将入库指令的关键信息转化成机构内部统一格式的作业凭证，并传达到仓库保管员等收货操作人员，作为他们进行入库的依据。入库指令的录入、入库凭证生成往往通过信息系统完成。

入库指令数量较多时，还需加以整理，并结合内外部情况制订入库作业计划，并分别传递给客户（或其他部门）和收货操作人员，以便做好各项准备工作。所以，入库指令处理是生成入库作业计划的基础和依据。

二、入库作业计划

入库作业计划是指仓储机构根据待收货物情况，结合库房内部人员、设备等的工作效率及货位利用情况，参考客户（或其他部门）的优先级、仓储服务合同规定等外部情况，在整理接收到的入库指令的基础上，有序安排货物接运和入库作业的工作。入库作业计划主要包括：到货或接运的时间、方式或车辆等情况，货物的名称、规格、货主、用途、存期等商品属性，货物的数量、体积、重量、包装、质量等物化属性，收货人员分工及工作进度安排、设备、场地、货位等要求。入库作业计划是存货人发货和仓储机构进行入库作业的依据，一般由主管或经理级人员制定。对于一些拥有多个库房，进出库作业频繁，货品种类较多，作业信息化程度高，库工人数多且分工明确的仓库，还可能专门设置"调度"岗位，负责调动和安排相关资源完成入库作业，将作业计划转换为具体的操作指令，下达给收货岗库工，库工完成作业后还要向调度反馈实际收货的信息。这样，库存情况和货位占用情况都会被系统记录，库工的工作量也会很方便地统计出来以便绩效核定。

三、入库准备

入库准备主要依据入库作业计划进行，目的是能够顺利、高效地按计划完成货物的入库作业。主要需做好以下工作。

1. 熟悉入库货物

通过了解存货人（客户项目或者本公司其他部门）信息，查阅入库货物资料，掌握入库货物的品种、规格、包装状态、单件体积及重量、到库时间、存期、理化特性、保管要求等。

2. 掌握作业人员情况

了解人员值班情况，安排好作业班组及人员分工，记录作业人员的出勤，对于实施计件工资的仓储机构，还需记录人员的作业量。

3. 妥善安排卸货场地及货位

了解库容变动情况，根据入库货物的属性、数量等，结合仓库分区分类保管的要求，核算货位大小，根据货位使用原则，妥善安排货位，确定托盘数量或其他堆垛方法、苫垫方案等。一般应提前检查货位情况，彻底清洁货位，清除残留物，发现货架损坏应及时修理或重新安排货位。对于量大或大件货物，要确保装卸搬运的场地及空间。

4. 准备收货所需设备、材料、工具等

根据计划收货数量、包装属性、货位情况等选用合适的装卸搬运设备，备齐托盘数量，准备木板、裹膜、塑料布等苫垫、加固材料，准备验收所需的点数、称量、测试、开箱、装箱、丈量等工具。

5. 准备入库凭证及单据

货物到库前应生成仓储机构内部的入库凭证（或称入库单），备好各种报表、单证，记录簿等，如入库记录单、料（垛）卡、残损单等，以备使用。

入库凭证（或称入库单）一般有多联，除供送货方和仓库管理员交接货物管辖权，还可能交由客户和仓管会计留存，填写内容包括客户名称、送货方及其联系方式、应收货物名称、数量、体积、重量、包装情况、批次等，验收后再填入实收数量、实际体积重量、验收结果、保管员或收货人员签名、司机签名确认；残损单在货物发现较大异常时填写，交由主管部门审核；入库记录单则用来详细逐笔记录入库货品的名称、数量、时间等，以备作入库账务结算；料（垛）卡又称为货卡、货牌，插放在货物下方的货架支架上或摆放在货垛正面的明显位置，用于填写已入库或上架货物的名称、规格、数量或出入状态等

内容。

实际操作中，由于仓库种类、货物种类和业务性质不同，入库准备工作有所差别，需要根据实际情况灵活调整。

四、接运或到库登记

货物到达仓库的形式分为接运和到库两种。到库是指由存货单位或其委托的承运商直接运到仓库交货，仓库不需要组织库外运输，送货车辆到库时需核对送货单据与入库指令是否相符，在库门处进行必要的登记方可放行进入库区。接运是指由本仓储机构派车从铁路、航运、空运及其他公路转运点或存货方发货地点提取货物运回仓库。接运方式相当于将验收和交接工作提前，在接运由承运商转运的物品时，必须认真检查，分清责任，取得必要的证件，避免将一些在运输过程中或运输前就已经损坏的货物带入仓库。货物接运方式大致有车站或码头提货、专用线接货、仓库自行提货三种。

五、验收

验收是指仓库在货物正式入库前，按照一定的程序和手续，对送货单据、到库货物数量和质量进行检查，以验证其是否符合入库指令的一项工作。

验收的具体工作由收货人员执行。根据入库货物的种类和客户的要求，可选择查验的内容，包括核对凭证、检查数量、包装、外观质量和内在质量（内在质量的检验一般要有专业的检验机构进行）。一般实际企业操作中较为常见的是核对凭证和查验数量、外观质量，如单据是否正确，数量是否与单据一致，产品外包装是否完好等。由于到货的来源复杂、渠道繁多、产地和厂家不同，又都经过不同的运输方式和运输环节的装卸搬运等原因，有可能使到货在数量上、质量上发生变化，这就决定了对到货验收的必要性。验收查明到货的数量和质量状态，不仅能为货物保管和使用提供可靠依据，防止仓库和货主遭受不必要的经济损失，验收记录还是货主退货、换货和索赔的依据，同时对供货单位的产品质量和承运部门的服务质量进行监督。

具体来说，货物验收包括验收准备、检查入库凭证和实物检验三个作业环节。

（一）验收准备

仓库接到到货通知后，应根据货物的性质和批量提前做好验收前的准备工作，大致包括以下内容：

（1）人员准备。安排好负责质量验收的技术人员或用料单位的专业技术人员，以及配合数量验收的装卸搬运人员。

（2）资料准备。收集并熟悉待验货物的有关文件，例如技术标准、订货合同等。

（3）器具准备。准备好验收用的检验工具，例如衡器、量具等，并校验准确。

（4）货位准备。确定验收入库时存放货位，计算和准备堆码苫垫材料。

（5）设备准备。大批量货物的数量验收，必须要有装卸搬运机械的配合，应做好设备的申请调用。

此外，对于有些特殊货物的验收，例如毒害品、腐蚀品、放射品等，还要准备相应的防护用品。

（二）检查入库凭证

货物到达仓库后，仓库人员首先应进行验单，检查随货物同时到达的货单，按照货单开列的收货单位、货物名称、规格、数量以及交货日期等项内容，与货物的各项标志逐项进行核对。

入库货物一般具备下列凭证：

（1）货主提供的入库通知单（作为订货方仓库收货时还可能有订货合同副本），是仓库接受货物的凭证。

（2）供货单位提供的材质证明书、装箱单、磅码单、发货明细表等。

（3）货物承运单位提供的运单，若物品在入库前发现残损情况，还要有承运部门提供的货运记录或普通记录，作为向责任方交涉的依据。

在验单过程中应注意，如果发现错送，应当拒收退回。对于一时无法退回的商品，必须在清单后另行存放，并且要及时做出记录待以后处理。

（三）实物检验

实物检验就是根据入库单和有关技术资料对实物进行数量和质量检验。

1. 数量检验

数量检验时保证货物数量准确不可缺少的重要步骤，一般在质量检验之前，由仓库保管职能机构组织进行。按物品性质和包装情况，数量检验主要有计件、检斤、检尺求积等形式。

在做数量验收之前，还应根据商品来源，包装好坏或有关部门规定，确定对到库商品是采取抽验还是全验方式。在一般情况下数量检验应全验，即按件数全部进行点数，按重量供货的全部检斤，按理论重量供货的全部检尺，后换算为重量，以实际检验结果的数量为实收数。

2. 质量检验

质量检验包括外观检验、尺寸检验、机械物理性能检验和化学成分检验四种形式。仓库一般只作外观检验和尺寸精度检验，后两种检验如果有必要，则由仓库技术管理职能机构取样，委托专门检验机构检验。

（四）货物检验的方法

物品检验的方法主要有以下几种：

1. 视觉检验

利用视力观察物品的状态、颜色、结构等表面状况，检查有无变形、破损、脱落、变色、结块等损害情况以判定质量。

2. 听觉检验

通过摇动、搬运操作、轻度敲击，听取声音，以判定质量。

3. 触觉检验

利用手感鉴定物品的细度、光滑度、黏度、柔软程度等，判定质量。

4. 嗅觉、味觉检验

通过物品所特有的气味、滋味测定，判定质量或者感觉到串味损害。

5. 测试仪器检验

利用各种专用测试仪器进行物品性质测定。如含水量、密度、黏度、成分、光谱等测试。

6. 运行检验

对物品进行运行操作，如电器、车辆等，检查操作功能是否正常。

（五）验收中发现问题的处理

在货物验收过程中，如果发现物品数量或质量等异常问题，应及时与货主方沟通或按仓储服务合同的规定（若为货主方仓库则按公司验收异常处理制度）处理，若货主方指示或依合同规定仍将异常货物入库的，应单独隔离存放并标注残损区的字样，并在入库交接时注明货品短少、破损等情况以区分责任。

六、办理交接手续

交接手续是指仓库对收到的货物向送货人进行的确认，表示已接收物品。办理完交接手续，意味着划清运输、送货部门和仓库的责任。完整的交接手续包括：

1. 接收货物

仓库通过理货、查验货物，将不良的货物剔出、退回或者编制残损单证等明确责任，确定收到货物的确切数量、货物表面状态良好。

2. 接收文件

接受送货人送交的货物资料、运输的货运记录、普通记录等以及随货的在运输单证上注明的相应文件，如图纸、准运证等。

3. 签署交接单证

仓库与送货人或承运人共同在送货单、交接清单上签署，并留存相应单证。交接单的内容应涵盖入库指令的核心信息，如发货人、收货人、货物的名称、规格、批次（对于有批次管理要求的货物）、单位、送货数量、合同号或订单号（对于采购入库而言）、送货车号或运单号等，还应反映货物的到库实收情况，如实收数量、异常情况备注、货位号等。一般在单据下方还需留有送货方、承运方与仓库方签字的栏目。

七、理货与放置储位

理货过程是仓库管理员指挥卸货搬运、进行分类堆码（或组托盘）的过程。若采用外协装卸时，也是监督作业质量的过程。托盘上放置的数量根据货品和货架特性决定，多层堆码放置。在就地堆码条件下，可以5或5的倍数进行，或根据实际需要确定层数和每层的货品数量。对托盘上货物或货垛有时还需增加苫盖或固定材料，一般根据货物的特点和客户的要求决定。

八、入库信息处理（或登记入账）

货物入库后，仓库应建立详细反映物品仓储信息的明细账，登记物品入库、出库、结存的详细情况，用以记录货物的动态和入出库过程。登账的主要内容有：物品名称、规格、数量、件数、累计数或结存数、存货人或提货人、批次、金额，注明货位号或运输工具、接（发）货经办人等。在手工记账情况下用入库记录单详细记录入库作业，在使用仓储信息系统时，则应在完成交接后将实际收货数量、质量情况反馈给信息系统，由系统记录作业。

仓库还应对所接收的货物或者委托人建立存货档案或者客户档案，以便于货物管理和保持客户联系，可以更好地管理商品的凭证和资料，防止散失，方便查阅，便于了解商品入库前后的活动全貌，也为将来可能发生的争议保留凭据。存货档案一货一档设置，将货物入库、保管、交付的相应单证、报表、记录、作业安排、资料等的原件或者附件、复制件存档。存货档案应统一编号、妥善保管，长期保存。

【学习拓展】

IT行业货物的接收和检验很大程度上是受货物的特性所影响的。货物的包装情况、属性情况、自身特性决定了货物的接收必须要在短时间内快速判定货物的好坏。

根据上面 IT 货物的特性了解，请试着说出 IT 货物接收需特殊注意的地方：

(1) 运输包装检验（由于运输需要，保险责任界定）；

(2) 货物实际外观检验（是否有划痕，旧机器的判定）；

(3) 加电测试（类似电脑开机进入 Windows 界面，说明硬件运转正常）。

详细的介绍如下：

1. 设备外包装检验

(1) 包装标识要求：包装上应该印有防潮、易碎、向上等运输标志和相应标准化组织的认证标志；

(2) 包装外观要求：从货物入库时就要严把质量关，库管对所到货物入库前认真检查包装箱，要求所有外包装无破损，脏污，变形。对于有严重破损、污迹、受潮、挤压、标识不清等问题的包装箱，一律不能入库，作退回处理。确实着急需要办理入库的，须有采购人员书面确认后方可执行，并在签收单上明确详细标明问题，并留照片存档。

2. 设备外观检验

(1) 附件要求：附件要求齐全和整洁，有驱动程序的要求版本正确，有上架套间的要求无锈迹和划痕并附有说明书或清单；

(2) 设备表面涂镀要求：涂镀表面应均匀和光滑，无起泡和龟裂，无脱落和磨损，颜色一致；

(3) 机器外观要求：盖板和面板安装到位，无变形和锈迹，查看主机外观及接口无变形，无掉漆，无划痕；

(4) 序列号要求：外包装，主机，黄页，SRCT 上的序列号保证一致。

3. 设备技术检验

(1) 机器部件要求：光驱、软驱、磁带机、PCI 卡等内置设备安装完好，禁锢件连接紧密无变形；

(2) 主机加电自检要求：POST 自检无异常信息和报错；

(3) 配件检验要求：通过主机加电和相关检验命令保证内置各部件无异常信息和报错；

(4) 配置检测要求：在 OK 状态下能检测到主机配置信息并保证配置符合安装任务单要求。

小提示

IT 货物万能签收语句：实收货物 X 件（大写），外观（根据实际情况描述），破损情况（根据实际情况描述），未开箱及加电测试。

模块三 货物的堆码

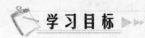 学习目标 ▶▶

应知	应会
1. 堆码对货物、场地、垛距的要求 2. 货物堆码的原则 3. 货物堆码的方式	1. 根据货物特点设计堆码方式 2. 按要求进行堆码

【背景导入】

中粮对天津DC的货物存储提出了明确的要求:

(1) 必须保证货物能够按照"先进先出"的原则运作;

(2) "同排同品"——同一排的货货物种必须一致;

(3) "同托同批"——同一托盘的货物批号必须一致;

(4) 防潮、防雨、防晒、防压;

(5) 严格按照货位存放,不得占用行车通道和消防通道。

货物堆码要求:

(1) 严格按照货物规定的堆码方式和高度放置;

(2) 严禁货物倒置、斜置、踩踏等不正确的堆码方式;

(3) 保证做到"大不压小""重不压轻""整不压零"。

思考与讨论

托盘的标准尺寸是1200毫米×1000毫米。请结合项目一中给出的小包装油的外包装尺寸设计小包装油的堆码方式。你设计的堆码方式可以在一个标准托盘放置多少箱呢?什么因素会决定堆码层数?若托盘将放置层高1500毫米的货架,可以堆码多少层?如表2-2所示。

表2-2 小包装油堆码方式

序号	品名	长×宽×高（毫米）	单层堆码件数	堆码层数	典型堆码方式
1	一级大豆油	315×280×346	12		重叠式堆码
……	……	……	……	……	……

【知识要点】

货物经验收入库后，便进入在库作业管理阶段。它是仓储作业管理的核心环节，也是出库作业的基础。在库作业管理主要指对在库货物进行合理的保存和经济的管理。合理的保存是指将货物存在适宜的场所和位置。经济的管理包括对货物实体和货物仓储信息两方面的科学管理。

堆码是指根据货物的包装、外形、性质、特点、重量和数量，结合季节和气候情况，以及储存时间的长短，同时综合考虑地面的负荷，将货物按一定的规律码成各种形状的货垛。堆码的主要目的是便于对货物进行维护、查点等管理和提高仓容利用率。

一、货物存放方式

货物在仓库内的存放方式一般有自身堆码、托盘堆码和货架存放三种方式：

1. 自身堆码

自身堆码就是将同一种货物，按其形式、质量、数量和性能等特点，码垛成一个个货堆。在货堆与货堆之间留有供人员或搬运设备出入的通道。常见的堆码方法有重叠式堆码（板材）、纵横交错式堆码、正反交错式堆码和旋转交错式堆码等。

2. 托盘堆码

托盘堆码即将货物码在托盘上，货物在托盘上码放方式可采用自身堆码采用的码放形式，然后用叉车将托盘货一层层堆码起来。对于一些怕挤压或形状不规则的货物，可将货物装在货箱内或带立柱的托盘上。由于货箱堆码时，是由货箱或托盘立柱承受货垛的重量，故这种托盘应具有较高的强度和刚度。

采用托盘堆码时，其堆码和出入库作业常采用叉车或其他堆垛机械完成，采用桥式堆垛机时，堆垛高度可达8米以上，故其仓库容积利用率和机械化程度比自身堆码有较大的提高。

3. 货架存放

在仓库内设置货架，将货物或托盘放在货架上。采用货架存入的最大优点为：货物的重量由货架支撑，互相之间不会产生挤压，可实现有选择的取货或实现先入先出的出库原则。总之，货架存放形式为仓库的机械作业和计算机管理提供了必要的条件。

二、堆码的基本要求

1. 对堆码货物的要求

（1）货物的名称、规格、数量、质量已全部查清；

（2）货物已根据物流的需要进行编码；

（3）货物外包装完好、清洁、标志清楚；

（4）部分受潮、锈蚀以及发生质量变化的不合格商品，已加工恢复或已剔除；

（5）为便于机械化作业，准备堆码的货物已进行集装单元化。

2. 对堆码操作的要求

在货物堆码前要结合仓储条件做好准备工作，遵循安全（或牢固）、合理、定量、整齐、节约等方面的基本要求。

（1）安全（或牢固）指要堆放稳定，货垛不偏不斜，层数不超过包装可耐受的范围（或按包装箱标识操作），不超过地坪承载能力。多层码放时，上层适当向内收小，易滚动的货物要加适当木楔固定，必要时使用绳索、裹膜等进行捆扎固定。

（2）合理指货垛形式及货位选择应有利于货物的保管和仓容的利用，大不压小，重不压轻，缓不压急，不围不堵，确保先进先出。

（3）定量是指每个货垛的层数一致、每层货量一致，货垛按统一长度或宽度成行成列，如每个托盘5层，每层10箱，每行放置20个托盘。这样做能方便计数。

（4）整齐指货垛堆放标准化，垛形、垛高、垛距一致，货物码放整齐，行列整齐，货物包装标识一律向外。

（5）节约指尽可能堆高以充分利用仓容，尽量做好堆码设计，避免重复搬到和堆码，合理使用苫垫材料，避免浪费。

3. 对堆码场地的要求

（1）库房内堆码场地。库房内堆码场地用于承受货物堆码的库房地坪，要求平坦、坚固、耐摩擦，一般要求1平方米的地面承载能力为5吨～10吨。堆码时货垛应在墙基线和柱基线以外，垛底须适当垫高。

（2）货棚内堆码场地。货棚是一种半封闭的建筑，为防止雨雪渗漏、积聚，货棚堆码场地四周必须有良好的排水系统，如排水沟、排水管道等。货棚内堆码的地坪应高于棚外地面，并做到平整、坚实。堆码时，货垛一般应垫高20～40厘米。

（3）露天堆码场地。露天货场的地坪材料可根据堆存货物对地面的承载要求，采用夯实泥地、铺砂石、块石地或钢筋水泥地等，总之应坚实、平坦、干燥、无积水、无杂草，四周同样应有良好的排水设施，堆码场地必须高于四周地面，货垛须垫高40厘米。

4. 货垛的"五距"要求

货垛的"五距"指：垛距、墙距、柱距、顶距和灯距。叠堆货垛不能依墙、靠柱、碰顶、贴灯；不能紧挨旁边的货垛，必须留有一定的间距。

（1）垛距。垛距是货垛与货垛之间的必要距离，常以支道作为垛距。垛距能方便存取作业，起通风、散热的作用，方便消防工作。库房垛距一般为 0.5～1 米，货场垛距一般不少于 1.5 米。

（2）墙距。墙距可以防止库房墙壁和货场围墙上的潮气对货物的影响，也便于开窗通风、消防工作、建筑安全、收发作业。墙距分为库房墙距和货场墙距，其中，库房墙距分为内墙距和外墙距。库房：外墙距 0.3～0.5 米，内墙距 0.1～0.2 米；货场：只有外墙距，一般为 0.8～3 米。

（3）柱距。适当的柱距可以防止库房柱子的潮气影响货物，保护仓库建筑物的安全。株距一般为 0.1～0.3 米。

（4）顶距。顶距是货垛堆放的最大高度与库房、货棚屋顶间的距离。顶距一般做如下规定：①平房库：0.2～0.5 米；②人字形库房：以屋架下弦底为货垛的可堆高度；③多层库房：底层与中层为 0.2～0.5 米，顶层须大于等于 0.5 米。

（5）灯距。灯距是货垛与照明灯之间的必要距离。为了确保储存货物的安全，防止照明发出的热量引起靠近货物燃烧而发生火灾，货垛必须留有灯距。照明灯的垂直下方最好不放置货物，与货物的水平距离应不少于 0.5 米。

三、货物堆码原则

（1）面向通道进行保管。为使货物出入库方便，容易在仓库内移动，基本条件是将货物面向通道保管。

（2）尽可能地向高处码放，提高保管效率。有效利用库内容积应尽量向高处码放，为防止破损，保证安全，应当尽可能使用棚架等保管设备。

（3）根据出入库频率选定位置。出货和进货频率高的货物应放在靠近出入口，易于作业的地方；季节性货物则依其季节特性来选定放置的场所。

（4）分类存放。不同品种、批次及性质的货物分区分库保管，残损品与正品分开保管。对于实施固定货位管理的仓库，为提高作业效率和保管效率同一货物或类似货物应放在同一地方保管，员工对库内货物放置位置的熟悉程度直接影响着出入库的时间，将类似的货物放在邻近的地方也是提高效率的重要方法。而实施随机货位管理的仓库，同一品种的货物也可能分散在不同区域的货位上，但此种方式对信息化支持程度要求较高。

（5）依据先进先出的原则。保管的一条重要原则是对于易变质、易破损、易腐败的货物，对于机能易退化、老化的货物，应尽可能按先入先出的原则，加快周转。

四、货物堆码方式

货物堆码主要有以下几种方式：

（一）散堆方式

将无包装的散货在库场上堆成货堆的存放方式。特别适用于大宗散货，如煤炭、矿石、散粮和散化肥等。这种方式简便，便于采用现代化的大型机械设备，节省包装费用，提高仓容的利用，降低运费。因此，散堆方式是目前货物库场堆存的一种趋势。

（二）垛堆方式

对有包装（如箱、桶、袋、箩筐、捆、扎等包装）的货物或长、大件货物进行堆码的存放方式。垛堆方式应以增加堆高，提高仓容利用率，有利于保护货物质量为原则。

1. 重叠式堆码（如图 2-17、图 2-18 所示）

重叠式堆码示意1

重叠式堆码示意2

图 2-17 重叠式堆码

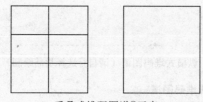
重叠式堆码图谱①示意

重叠式堆码图谱（请自行选择货品绘制）

图 2-18 重叠式堆码图谱

---

① 典型堆码图谱表示包装件在单元货物中的堆码方式。每个包装尺寸有两图，表示相邻两层包装件的堆码方式。顺列堆码即上下两层堆码方式一致时，右图不再重绘。下同。

小资料

重叠式也称直堆法，是逐件、逐层向上重叠堆码，一件压一件的堆码方式。各层码放方式相同，上下对应。这种方式的优点是，工人操作速度快，方便作业、计数，包装货物的四个角和边重叠垂直，承载能力大。缺点是各层之间缺少咬合作用，稳定性较差，容易发生塌垛。该方法适用于袋装、箱装、箩筐装货物，以及平板、片式货物等。在货物面积较大的情况下，采用这种方式具有足够的稳定性，如果再配上相应的紧固方式，则不但能保持稳定，还可以保留装卸操作省力的优点。

2. 纵横交错式堆码（如图 2 - 19、图 2 - 20 所示）

纵横式堆码示意图1　　　　　　　　　　纵横式堆码示意图2

图 2 - 19　纵横式堆码

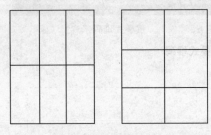 

纵横式堆码图谱示意　　　　　　纵横式堆码图谱（请自行选择货品绘制）

图 2 - 20　纵横式堆码图谱

小资料

纵横式是指相邻两层货物的摆放旋转 90 度，一层横向放置，另一层纵向放置。每层间有一定的咬合效果，但咬合强度不高。

3. 正反交错式堆码（如图2-21、图2-22所示）

交错式堆码示意图1

交错式堆码示意图2

图2-21 交错式堆码

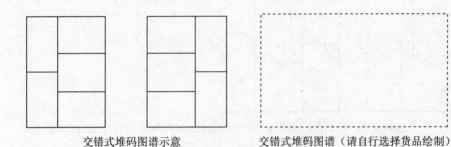

交错式堆码图谱示意　　　交错式堆码图谱（请自行选择货品绘制）

图2-22 交错式堆码图谱

小 资 料

交错式堆码

同一层中，不同列的货物以90度垂直码放，相邻两层的货物码放形式是另一层旋转180度的形式。这种方式类似于建筑上的砌砖方式，不同层间咬合强度较高，相邻层之间不重缝，因而码放后稳定性较高，但操作较为麻烦，且包装体之间不是垂直面相互承受载荷，所以下部货物容易压坏。

4. 旋转交错式堆码（如图2-23、图2-24所示）

旋转式堆码示意图1

旋转式堆码示意图2

图2-23　旋转交错式堆码

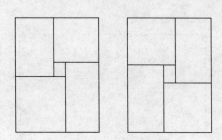
旋转式堆码图谱示意

旋转式堆码图谱（请自行选择货品绘制）

图2-24　旋转交错式堆码图谱

小资料

旋转交错式

第一层相邻的两个包装体互为90度，两层间码放又相差180度，这样相邻两层之间互相咬合交叉，货体的稳定性较高，不易塌垛。其缺点是，码放的难度较大，且中间形成空穴，降低托盘的利用效率。

小资料

不同货物的堆码形态，如图2-25所示。

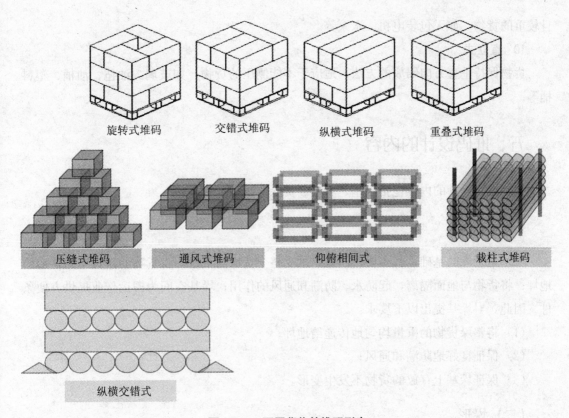

图 2-25 不同货物的堆码形态

5. 仰俯相间式堆码

对上下两面有大小差别或凹凸的货物，如槽钢、钢轨、箩筐等，将货物仰放一层，再反一面俯放一层，仰俯相间相扣。该垛极为稳定，但操作不便。

6. 压缝式堆码

将底层并排摆放，上层放在下层的两件货物之间。如果每层货物都不改变方向，则形成梯形形状；如果每层都改变方向，则类似于纵横交错式。

7. 通风式堆码

货物在堆码时，每件相邻的货物之间都留有空隙，以便通风。层与层之间采用压缝式或者纵横交错式。此法适用于需要通风量较大的货物堆垛。

8. 栽柱式堆码

码放货物时在货垛两侧栽上木桩或者钢棒，形如 U 形货架，然后将货物平码在桩柱之间，几层后用铁丝将相对两边的柱拴连，再往上摆放货物，形如"H"货架。此法适用于棒材、管材等长条状货物，操作较为方便。

9. 衬垫式堆码

码垛时，隔层或隔几层铺放衬垫物，沉淀物平整牢靠后，再往上码。适用于不规则、且较重的货物，如无包装电机、水泵等。

10. 直立式

货物保持垂直方向码放的方法。适应于不能侧压的货物，如玻璃、油毡、油桶、塑料桶等。

五、堆码设计的内容

货物堆码设计的内容包括垛基、垛形、货垛参数。

（一）垛基

垛基是货垛的基础，其主要作用是：承受整个货垛的重量，将货物的垂直压力传递给地坪；将货物与地面隔离，起防水、防潮和通风的作用；垛基空间为搬运作业提供方便条件。因此，对垛基提出以下要求：

（1）将整垛货物的重量均匀地传递给地坪；

（2）保证良好地防潮和通风；

（3）保证垛基上存放的货物不发生变形。

（二）垛形

垛形是指货物码放的外部轮廓形状，垛形的确定需要根据货物的特性、保管的需要，能实现作业方便、迅速和充分利用仓容的原则。仓库常见的垛形有：

1. 平台垛

平台垛是先在底层以同一个方向平铺摆放一层货物，然后垂直继续向上堆积，每层货物的件数、方向相同，垛顶呈平面，垛形呈长方体。

平台垛适用于包装规格单一的大批量货物，包装规则、能够垂直叠放的方形箱装货物、大袋货物、规则的软袋成组货物、托盘成组货物。

平台垛具有整齐、便于清点、占地面积小、堆垛作业方便的优点。但该垛形的稳定性较差，特别是小包装、硬包装的货物有货垛端头倒塌的危险，所以在必要时（如太高、长期堆存、端头位于主要通道等）要在两端采取稳定的加固措施。对于堆放很高的轻质货物，往往在堆码到一定高度后，向内收半件货物后再向上堆码，以保证货垛稳固。

标准平台垛的货物件数为：

$$A = L \times B \times h$$

式中：A——总件数；

L——长度方向件数；

B——宽度方向件数；

h—— 层数。

2. 起脊垛

先按平台垛的方法码垛到一定的高度，以卡缝的方式逐层收小，将顶部收尖成屋脊形。起脊垛用于堆场场地堆货的主要垛形，货垛表面的防雨遮盖从中间起向下倾斜，便于雨水排泄，防止水湿货物。

起脊垛是平台垛为了遮盖、排水需要的变形，具有平台垛操作方便、占地面积小的优点，适用于平台垛的货物都可以采用起脊垛堆垛。但是起脊垛由于顶部压缝收小，形状不规则，无法再垛堆上清点货物，顶部货物的清点需要在堆垛前以其他方式进行。另外，由于起脊的高度使货垛中间的压力大于两边，因而采用起脊垛时库场使用定额要以脊顶的高度来确定，以便中间底层货物或货场被压损坏。

起脊垛的货物件数为：

$$A = L \times B \times h + 起脊件数$$

式中：A—— 总件数；

L—— 长度方向件数；

B—— 宽度方向件数；

h—— 未起脊层数。

3. 立体梯形垛

立体梯形垛是在最底层以同一方向排放货物的基础上，向上逐层同方向减数压缝堆码，垛顶呈平面，整个货垛呈下大上小的立体梯形形状。

立体梯形垛用于包装松软的袋装货物和上层面非平面而无法垂直叠码的货物的堆码，如横放的桶装、卷形、捆包货物。

立体梯形垛极为稳固，可以堆放得较高，仓容利用率较高。对于在露天堆放的货物采用立体梯形垛，为了排水需要也可以在顶部起脊。

每层两侧面（长度方向）收半件（压缝）的立体梯形垛件数为：

$$A = \frac{(2L - h + 1)hB}{2}$$

式中：A—— 总件数；

L—— 长度方向件数；

B—— 宽度方向件数；

h—— 层数。

4. 行列垛

行列垛是将每票货物按件排成行或列排放，每行或列一层或数层高。垛形呈长条形。

行列垛用于存放货物批量较小的库场码垛使用，如零担货物。为了避免混货，每批独立开堆存放。长条形的货垛使每个货垛的端头都延伸到通道边，可以直接作业而不受其他货物阻挡。但每垛或量较少，垛与垛时间都需留空，垛基小而不能堆高，使得行列垛占用库场面积大，库场利用率较低。

5. 井形垛

井形垛用于长形的钢材、钢管及木方的堆码。它是在一个方向铺放一层货物后，再以垂直的方向铺放第二层货物，货物横竖隔层交错逐层堆放。垛顶呈平面，井形垛垛形稳固，但层边货物容易滚落，需要捆绑或者收进。

井形垛的货物件数为：

$$A = \frac{(L+B)h}{2}$$

式中：A——总件数；

L——纵向方向件数；

B——横向方向件数；

h——层数。

6. 梅花形垛

对于需要直立存放的大桶装货物，将形垛第一排（列）货物排成单排（列），第二排（列）的每件靠在第一排（列）的两件之间卡位，第三排（列）同第一排（列）一样，此后每排（列）依次卡缝排放，形成梅花形垛。梅花形垛货物摆放紧凑，充分利用了货件之间的空隙，节约库场面积的使用。

单层梅花形垛的货物件数为：

$$A = \frac{(2B-1)L}{2}$$

式中：A——总件数；

L——长度方向件数；

B——宽度方向件数。

（三）货垛参数

货垛参数指货垛的长、宽、高，及货垛的外形尺寸。

通常情况下要先确定货垛的长度，例如长形材料的定尺长度就是其货垛的长度，包装成件货物的垛长应为包装长度或宽度的整数倍。

货垛宽度应根据库存货物的性质、要求的保管条件、搬运方式、数量多少以及收发制度等确定，一般多以两个或五个单位包装为货垛宽度。

货垛高度主要根据库房高度、地坪承载能力、货物本身和包装物的耐压能力、装卸搬运设备的类型和技术性能，以及货物的理化性质等来确定。在条件允许的情况下应尽量增加货垛高度，以提高仓库的空间利用率。

以上三个参数决定了货垛的大小，要注意的是每个货垛不宜太大，以利于先进先出和加速货位的周转。

六、垫垛和苫盖

（一）垫垛

垫垛是指在货位码垛前，在预定的货位地面位置，根据货垛的形状、底面积大小、商品保护养护的需要、负载重量等要求，使用衬垫材料进行铺垫。常见的衬垫物有：枕木、废钢轨、木板、帆布、芦苇、钢板等。

垫垛可以使地面平整；使堆垛货物与地面隔离，防止地面潮气和积水浸湿货物；可以通过强度较大的衬垫物使重物的压力分散，避免损害地坪；可以形成垛底通风层，有利于货垛通风排湿；可以使货位的泄漏物留存在衬垫之内，不会流动扩散，便于收集和处理。

（二）苫盖

苫盖是指采用专门苫盖材料对货垛进行遮盖，以减少自然环境中的阳光、雨雪、刮风、尘土等对货物的侵蚀、损害，并使货物由于自身理化性质所造成的自然损耗尽可能减少，保护货物在储存期间的质量。常用的苫盖材料有帆布、芦苇、竹席、塑料膜、油毡纸、铁皮等。

苫盖的方式有就垛式、鱼鳞式、活动棚式等。在对货垛进行苫盖时，苫盖物的下端应离开地面 10 毫米以上，以利于垛底通风。

（1）就垛式。直接将大面积苫盖材料覆盖在货垛上遮盖。

（2）鱼鳞式。将苫盖材料从货垛的底部开始，自下而上呈鱼鳞式逐层交叠围盖。

（3）活动棚式。将苫盖材料制作成一定形状的棚架，在货物堆垛完毕后，移动棚架到货垛遮盖，或者采用即时安装活动棚架的方式苫盖。

【学习拓展】

不同货物的堆垛技术标准：[①]

（1）长方形平顶垛。货垛顶部平直、匀整，货垛底边至作业机械轨道间距不少于 1.5米。适用于散堆原煤。如图 2-26 所示。

---

①　JTT 5035—1993 港口货物堆垛技术要求。

图 2-26　长方形平顶垛

（2）一字形。一端的端面偏差最大在 0.1 米，长度在 8 米以下者，垛底垫 2 根垫木，长度在 8 米以上者，垛底垫 3 根垫木，垫木一层一垫，上下对齐。适用于散支钢坯、方钢。如图 2-27 所示。

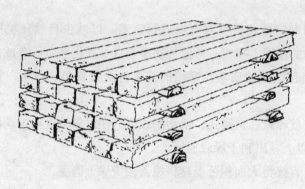

图 2-27　一字形垛

（3）立摆堆垛。桶盖，箭头朝上，多趟摆放，层层压缝。垛高 3～4 层。适用于各种桶装固体或凝固体货物。如图 2-28 所示。

图 2-28　立摆堆垛

（4）立摆 2 筒对趟垛。各垛之间留出 0.8～1 米垛距，便于渗漏时放倒。垛高 1 层。适用于桶装液体货物。如图 2-29 所示。

图 2-29　立摆 2 筒对趟垛

模块四　货物的装卸搬运

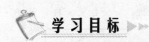 学习目标 ▶▶

应知	应会
1. 装卸搬运的作业与动作 2. 装卸搬运活性指数 3. 装卸搬运合理化的措施	1. 搜集装卸搬运信息 2. 进行搬运过程分析，提出改进措施

【背景导入】

分析搬运现状，提出改善建议。

中粮天津 DC 的装卸作业工作内容分别为到货卸车：从车上将货物码放到托盘上，再由叉车司机将货物搬运到库房；发货装车：由叉车司机将成托的货物搬运到车上，装卸人员再将货物按照要求的码放到车上。如图 2-30 所示。

图 2-30 装卸作业

人员由招商物流（天津）分发中心的外协装卸队的 8 人负责。

具体作业完成后，库管根据其完成的业务量开具装卸作业单，如图 2-31 所示。

易通物流装卸作业记录单　　　　　　　　　　NO. 0016282

计费单位：立方□　吨☑　件□　车□　其他（　　）　　项目名称：中粮

作业方式：库房装车□ 库房卸车□ 外出装车□ 外出卸车□ 其他（　　）日期：××年××月××日

序号	车号	车型（货名）	装卸量	费率	费用（元）	备注
1	晋 A48×××	12.5 厢车	1500	××元/吨	×××元	
2						
3						
4						
5						
合计						

装卸负责人签字：李××　　　　易通物流负责人签字：王××

图 2-31 易通物流装卸作业记录单

第一联：库房存根

中粮天津 DC 的货物的搬运作业主要是由机械作业和半机械作业来完成的。机械作业集中于卸车和装车时使用的叉车共两台叉车和托盘，配备 4 名叉车司机；图 2-32 为叉车搬运作业。

图 2 - 32　叉车搬运作业

半机械作业集中为移库和备货作业时，库房和外协装卸人员借助的 4 台手动叉车。

其中，托盘作为标准作业的周转型工具，起到了提高机械化程度和提高装卸效率的功效。

装卸搬运作业的注意事项：

（1）装卸搬运过程中，一定要详细的记录作业量，由库管根据收货单或发货单的要求数量和规格对叉车和装卸人员的工作量进行一一记录，再由司机或现场业务对作业量进行核查。

（2）装卸搬运作业完成后，作业人员应要求库管为其开具易通物流装卸作业记录单，以作为核定工作量的依据。

（3）装卸搬运作业一定要主要按照货物规定的要求运作，如码放条件、码放高度、搬运注意事项等。

【知识要点】

货品的装卸搬运是仓储活动的重要内容，其贯穿于物流各个环节，贯穿于仓库的各个作业阶段。没有搬运，就实现不了货物的移动。

一、仓库装卸搬运作业的种类

装卸搬运作业分为堆放作业、分拣配货作业和搬运理货作业三部分。

（1）堆放作业可以定义为借助某种搬运工具将货物移动或举升到运载设备或周转设备的指定位置，再按要求的码放的作业过程。可分为到货卸车、发货装车两部分。

（2）分拣配货作业。货物发运之前，根据客户指令，将货物按照品种、批次和规格进行分类，再放入备货区域的作业过程。

（3）搬运理货作业。货物接收或发运完毕后，使货物在进行待检区、成品区和退货残品区之间的相互调整、移动的作业过程。

二、装卸搬运作业的合理化措施

为了提高效率，实现装卸搬运的合理化，应从以下方面入手。

（一）减少无效的装卸搬运作业，实现经济化

制定好装卸搬运的作业方案，包括装卸搬运环节及路线、人员分工与进度、设备选择等，避免将货物进行多次搬倒，尽量一次到位，从而减少重复劳动所带来的成本及费用。

1. 搬运路线设计的类型

（1）直达型，指物料从起点到终点经过的路线最短，适合于物流量大或特殊要求的物料。

（2）渠道型，指物料在预定路线上移动，与来自不同地点的其他物料一起运到同一终点，适合布置不规则或搬运距离较长的物料。

（3）中心型，各物料从起点移动到中心分拣处，然后再运到终点，适合物流量小且搬运距离长的物料。

2. 装卸搬运作业计划

首先应掌握计划期内的出入库、移库计划，预测装卸搬运作业量，其次要掌握仓库实际作业设备及人员的作业效率和作业能力，将预测作业量与作业能力大体平衡分配。然后按作业量情况安排人员、设备分工、进度及班组。

（二）提高货物的装卸搬运的活性指数，实现便利化

货物的装卸搬运指数是指货物便于装卸搬运作业的程度，指数越高，活性越大，即越便于装卸搬运。根据货物状态，搬运该状态下的货物往往需要进行四项作业（集中、搬起、升起、运走）中的某几项，据此划分货物的装卸搬运活性指数为5级。

仓库货物具有不同的存放状态，散放在地面上的货物（如图2-33（a）所示）要运走，需要经过集中、搬起、升起和运走四次作业，所需的人工作业最多，活性水平最低，即活性指数定义为0；已装箱或捆扎的货物（如图2-33（b）所示）只需经过搬起、升起和运走三次作业，活性指数定义为1；已装箱或捆扎且下面放有托盘、支架等衬垫的货物（如图2-33（c）所示），便于叉车或其他机械作业，只需经过升起和运走两次作业，活性指数定义为2；已装上台车或用起重机吊钩钩住的货物（如图2-33（d）所示），处于即

刻移动的状态，只需运走一次作业，活性指数定义为3；已被传送带输送或正在装卸搬运的货物（如图2-33（e）所示），活性指数最高，定义为4。

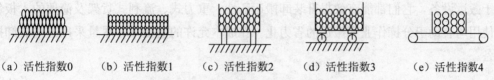

（a）活性指数0　（b）活性指数1　（c）活性指数2　（d）活性指数3　（e）活性指数4

图2-33　货物装卸搬运活性指数

货物在装卸搬运过程中的活性指数是在变化着的，即有时高，有时低。可以搜集整个过程中的货物状态和活性指数，做出直观的示意图（如图2-34所示），找到整个过程中的薄弱环节加以改进，也可以计算整个过程中的平均活性指数来衡量整体活性状态，并进行如下改进：

（1）低于0.5：指整个过程中多数货物处于活性指数为0的状态，应有效利用货箱、捆绑带等集装器具或手推车。

（2）0.5～1.3：指大部分货物处于集装状态，应有效利用动力搬运车、叉车等。

（3）1.3～2.3：指多数货物已集装并支起，可有效利用传送带、自动导引车。

（4）2.3以上：指多数货物活性已经较高，可从更新设备及方法方面进一步减少搬运工序数，如采用半挂车的方式。

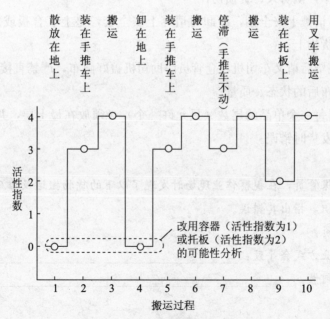

图2-34　装卸搬运活性指数分析

（三）合理利用装卸搬运设备，实现省力化

托盘、标准货箱等属于集装器具，叉车、地牛、手推车、动力搬运车、自动导引车等属于搬运设备，它们都能有效提升装卸搬运活性。重力式、流利式货架及简便的木板斜坡的使用均有助于分拣作业和搬运的省力化。在成本允许的前提下，尽量采用这些装卸搬运设备。

【学习拓展】

以下是某公司装卸搬运的规范：

（1）搬运时请轻拿轻放，所有产品不超出托盘的边缘，严禁抛货；

（2）装载或存放时请按要求摆放，重不压轻，大不压小；

（3）装卸或摆放归位时请不要倒放，斜放，箭头向上；

（4）所有产品的摆放齐托盘的边缘，呈水平垂直直角；

（5）按产品的摆放标识进行摆放，请不要超高；

（6）存放时请把所有的产品标识朝外；

（7）室内作业请戴好安全帽；

（8）拉货时先做好货品防护（绑带或缠绕膜），再匀速行驶；

（9）严禁溜车，慎防人、货损伤；

（10）作业时请戴上安全帽，装卸时请穿上安全套，垫上五合板或定制的塑料垫板，严禁直接踩踏在货物上；

（11）装载完毕后请叉车司机、仓管员协助司机盖好雨布，严禁直接站在货上盖雨布，并检查好盖完雨布后的状态、质量；

（12）收货时每一个单品的尾数（只允许一个）必须放在最上层，并用红色粉笔标识在外箱上，慎防发货时错误。

小讨论

若你是仓库保管员，在视察作业现场时发现了以下的货物搬运及堆码的状况。你需要根据你学习的知识，指出其错误。

提醒作业人员：

（1）此种作业方式会导致：_____；

（2）需要如何做：_____。

提醒作业人员：

(1) 此种作业方式会导致：_____；

(2) 需要如何做：_____。

提醒作业人员：

(1) 此种作业方式会导致：_____；

(2) 需要如何做：_____。

提醒作业人员：

(1) 此种作业方式会导致：_____；

(2) 需要如何做：_____。

提醒作业人员：

(1) 此种作业方式会导致：_____；

(2) 需要如何做：_____。

提醒作业人员：

（1）此种作业方式会导致：_____；

（2）需要如何做：_____。

模块五　备发货出库

学习目标 ▶▶▶

应知	应会
1. 出库指令及入库计划的内容 2. 出库准备的工作内容 3. 发货装车及交接的要求 4. 备、发货表单的内容和作用 5. 出库登记的信息	1. 制订出库计划 2. 判断和处理交接异常 3. 设计和填制出库表单

【背景导入】

中粮项目库管完成某一天货物的出库发运工作，如图 2-35 所示。

发运

图 2-35　货物发运

1. 中粮项目货物备发货的一般作业流程（如图 2 - 36 所示）

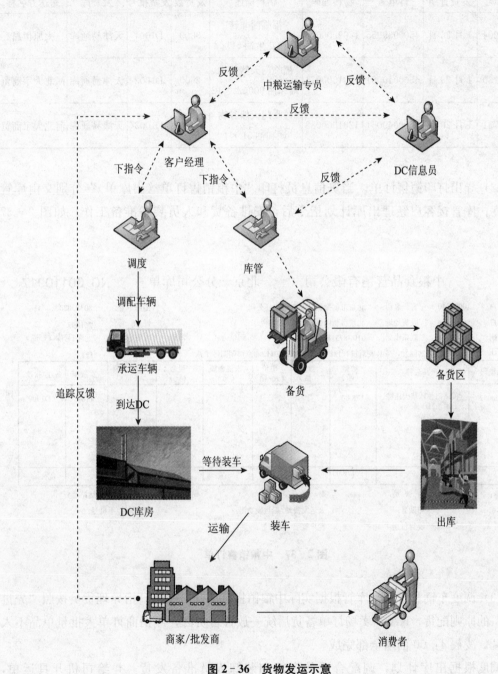

图 2 - 36　货物发运示意

（1）接收计划。中粮运输专员于前一日 20：00 前，将中粮的出库计划电子版送给客户经理、天津中粮 DC 信息员。如表 2 - 3 所示。

表2-3 中粮出库计划

交货单号	发货日期	订单号	物料编码	物料描述	发货数	发货批号	发货库	送达方名称
80486204	1月26日	4500039955	1209000007	福临门非转压榨花生油5L×4	3000	D1001	天津易通库	太原恒昌
80486730	1月26日	4500040051	1201000074	福临门天然谷物调和油900mL×12	2500	D1002	天津易通库	河北大宇商贸
80486731	1月26日	4500040051	1201000082	福临门天然谷物调和油5L×4	4500	D1003	天津易通库	河北大宇商贸

（2）导出打印销售订单。当班信息员打印"中粮销售订单（出库单）"分别交由库管和调度；库管接客户经理出库计划指令后，安排备货和人员装备准备工作。如图2-37所示。

中粮食品营销有限公司　　　　北京一分公司库单　　　NO.00110917

订货客户：	10002240	客户名称：	北京市朝批调味品有限责任公司		出库单号：	80383820
收货客户：	10002240	收货地址：	北京市朝阳区双龙南里204楼		订单号：	261393
发货日期：	2009.09.1	联系电话：	010-87318692	运输方式：汽运	发货仓库：	北海1号库（厂库）
备注：		与单号259029同发，务必发新货！预约电话：67377911.北京市朝阳区十八			页码：	L/1

产品编码	产品名称	数量（箱）	数量（瓶）	单价（元/箱）	未税金额（元）	税金（元）	含税金额（元）	实发箱	备注（批次）
124300032	福临门非转基因压榨玉米油5L×4	178.00						178	D1909
	合计	178.00							

第四联营运

制　单：　　　　仓管员：　　　　　财　务：　　　　　司　机：　　　　到达站/港：

本单体积：　　　船期号：　　　火运发货站/船运发货港：　　　　车牌车号/手机号：

收货人：　　　　收货日期：　　　客户签字（签章）：

图2-37 中粮销售订单

（3）调度车辆和备货。库管根据实际中粮销售订单（出库单）指导理货员按照"先进先出"的原则配货，KA和卖场订单备货后统一放置备货区，经销商订单大批量单品不入备货区，凌晨4：00前须全部完成。

调度根据出库计划，调配合适的车辆和装卸人员准备发货。并给司机开具运单，如图2-38所示。

托运人单位 Company name	中粮集团				运 单			运单编号 B/L NO.0135200		

托运人单位 Company name	中粮集团
联系人 Name	陈××
联系电话 Phone	010–××××××××

运 单
BILL OF LADING

运单编号 B/L NO.**0135200**
订单编号 Booking Order No.

托运人指定 发货单位 Company name	北海粮油
托运人指定 取货地址 Address	天津市塘沽区胡家园北路
联系人 Name	张××
联系电话 Phone	022–××××××××

Trans易通物流

单据缮制 Issued By: 李××

易通交通信息发展有限公司物流分公司
Etrans Information Development Co., Ltd.Logistics Branch
北京市通州区物流基地（马驹桥）融商六路1号
电话/传真：101–60502737/60502543
服务查询:http://www.etflat.com.cn

收货人单位 Company name	太原市×××公司
收货人地址 Address	山西省太原市许坦东街××号
联系人 Name	李××
联系电话 Phone	0351–××××××××

制单调度签字 Compacity control	李××	提货人签字 handover	
调度时间 Date and time	××年××月××日	提货时间 Date and time	
主要运输方式 Mode	服务等级 Svc Level	服务方式 Svc Type	要求到达时间 ETA
汽运	普	门到门	三天内

塘沽	\	\	太原	中转城市 City	\	中转联系人 Contact	\	联系电话 Phone	\
运输工具编号 Vovaoe 晋A48×××	承运人 Carrier	（承运公司名） 张××		中转地址 Address					
				特约事项 Instruction	138×××××××（司机电话）				

委托明细编号 Order detail no.	物料编号 Stock code	物料名称 Part description	包装数量 Packages	单位 Unit	重量 Weight	体积 Messurement	额外信息 Extra
	5L×4	大豆油	1500	箱	30吨		
小计 Sum							

货物描述, 货物标识 Marks And Goods Description	包装名称 Package name	毛重量 Gross Wgt	体积 Messurement	计费重量 Ch.Wgt
纸包装	纸	30吨		

请仔细阅读背书， 您的签字意味着您同意该条款.
Your signature indicates you hanv read,fully understand and accept the"domestic express service agreement"on the back of this form

是否运输保险 insurance or not	是	运费明细1 Freight charges 1		运费明细2 Freight charges 2 ××××元	
运费条款 Payment terms	月结		协议价 Contracted	运输费/Freight	××××元
				提货费/pick up	××元
				配送费/diatribution	××元
				其他费用/other	
投保金额 Insured Value	××××元	小计 Sum		小计 Sum	××××元

郑重确认上述货物已经被恰当地分类, 包装, 做标记, 贴标签,并且适于运输,特别标注除外。	郑重确认收到上述货物, 状态完好,特别标注除外。		郑重确认收到上述货物, 状态完好,特别标注除外。
张××	李××	实收1499箱 1箱破损	张××
日期时间 Date and time ××年××月××日	日期时间 Date and time ××年××月××日		日期时间 Date and time ××年××月××日

本运单共4联/第一联（白）易通物流存查联/第二联（粉）承运人存查联/第三联（黄）收货签收联/第四联（绿）发货人存查联
Total 4 pages /The 1st page for E-trans/The 2nd page for Carrier /The 3rd page for Consignee /The 4th page forShipper

图 2–38 易通物流中粮运单

（4）发运作业。发运车辆凌晨4：00开始到达装车，如图2-39所示：等待装车的车辆，当班库管负责与车辆司机交接，同时指挥理货员和装卸工安排装车和出库作业；记录实际出库台账表、填写修改对应垛卡表和开具出库单，如图2-40所示。

图2-39　等待装车的车辆

易通物流出库单　　　　　　　　　　　　　　　　　　　　　　　NO.0011451

日期：××年××月××日　　　车号：晋A48×××　　　司机签字：张××　　　库管签字：王××

序号	产品编号/派车单号	项目名称	货物名称	规格	数量	单位	重量/体积	条码	备注
1		中粮	大豆油	5L×4	1500	箱	30 吨		
2									
3									
4									
5									
6									
7									
8									
合计					1500		30 吨		

注：此单据为易通所属库房出库的唯一凭证，务必认真填写，妥善保管，如不认真或不填写内容或丢失，公司将不承担相应责任。

第一联：库房存根

图2-40　易通物流出库单

（5）信息反馈。出库完毕后将中粮配送订单和出库台账表交由库存信息员登录 WMS 系统核销出库信息。

注：出库实行交叉出库法，即不同的时间发不同地区的货物，保证车辆等待时间最短，工作效率最大化。例如每天 22：00 安排天津出库、次日凌晨 4：00—10：00 安排北京出库、10：00—15：00 安排河北区出货。

2. 完成某日的发运任务

中粮市场部接收到客户订单（假设有 10000 箱，分别发往山西和河北两省）后，交由物流部处理，由中粮的运输专员将次 10000 箱的订单制作发货计划于当天晚 20：00 前发给易通物流的客户经理。

客户经理再将发货计划转发给信息员、调度、库管。然后，调度便联系相应线路的下级承运商或车辆，共计山西 2 台 12.5 米厢车或敞车，河北 6 台 12.5 米厢车或敞车。同时，库管根据发货计划提前备货、协调叉车和装卸人员。

次日，承运车辆先后来到 DC 库房，首先，到调度处开具运单，司机再拿着运单到库房找库管装车。

库管组织叉车司机和装卸工将备好的货物按照"先进先出"的原则按照调度开具运单上的数量装车。

装车完毕后，填写垛卡和出库单，并将运单的"仓储联"留下。完成出库工作。

承运商或车辆、将货物发运到全国各地的经销商和客户手中。其中，涉及货物的发运、破损处理、退换等工作。

【知识要点】

货物的出库一般经过出库指令处理、出库计划和准备、拣选、备货、出库复核、装车与交接、出库信息处理（或登记入账）等环节。对这些作业活动必须进行合理的安排和组织。

一、出库指令处理

与入库指令相同，出库指令也是第三方仓储物流企业的客户或工商企业的生产或销售部门对仓储服务的需求通知，是触发备发货作业的环节，也可能来自电话、电子邮件、传真或已对接的信息系统，由客户服务人员（或专门的订单处理人员）、仓库调度或单证人员接收。出库指令中一般包括货物名称、规格、批次、所属客户、数量、包装单元、要求发货时间（配送情况下可能为要求送达时间）以及他客户要求。指令接收人员要查对这些信息，如有缺失，应根据历史情况做出判断或向客户查询确认。核对无误后需将出库指令的关键信息转化成机构内部统一格式的作业凭证，并传达到仓库操作人员，作为他们进行备发库的依据。出库指令的录入与凭证生成往往通过信息系统完成。

二、出库作业计划与准备

出库作业计划是指仓储机构根据待发货物情况，结合库房内部人员、设备等的工作效率，参考客户（或其他部门）的优先级或出库指令的紧急程度、仓储服务合同规定等外部情况，在汇总入库指令的基础上，有序安排货物拣选、备货和出库作业的工作。出库作业计划主要包括：备货时间、发货时间、发货方式或车辆要求等情况，货物的名称、规格、货主、数量、体积、重量、包装等属性，拣选方式选择、人员分工、作业进度安排、设备、场地要求等。出库作业计划是仓储机构备发货作业的依据，一般由主管或经理级人员制定，也可能专门设置"调度"岗位，负责调动和安排相关资源完成出库作业。作业计划下达后，仓库操作人员开始进行出库准备，包括如下工作：

（1）包装整理：货物经多次装卸、堆码、翻仓和拆检，会使部分包装受损，不适宜运输要求的，仓库必须视情况事先进行整理，加固或改换包装。

（2）组配、包装：根据货主需要，有些货物需要拆零后出库，仓库应事先为此做好准备，备足零散货物，以免因临时拆零而延误发货时间；有些货物则需要进行拼箱，为此，应做好挑选、分类、整理和配套等准备工作。

（3）用品准备：对从事装、拼箱或改装业务的仓库，在发货前应根据性质和运输部门的要求，准备各种包装材料及相应的衬垫物，以及刷写包装标志的用具、标签、颜料、钉箱和打包等工具。

（4）设备调配：当货物出库时，应留出必要的理货场地，并准备必要的装卸搬运设备，以便运输人员的提货发运或装箱送箱，及时装载货物，加快发送速度。

三、拣选

拣选备货是仓库操作人员在核对出库作业凭证后，将货物从货位拣出，并根据需要进行分单、二次包装、流通加工、组托等作业，以备装车发运的过程。拣选的具体动作包括拣选单生成、查找、行走、提取、分类与集中等，是一般流通型仓库出库作业中耗时耗工最大的作业环节，拣选技术和方式的合理选择极大的影响着出库作业效率及成本。

常见的拣选方式分为摘果式和播种式两种。摘果式是针对每一份出库指令（或客户订单）进行拣货，拣货人员或设备巡回于各个货物，将所需的货物取出。这种方式的作业环节少，货物按单拣出后可直接核对发货，准确度较高，而且可以根据紧急程度或客户优先级调整拣选的先后次序，便于集中力量快速拣选，处理时间短，应急性强，作业人员责任分工明确，派工相对容易，评价相对公平。但是，当订单数量多，或高频率、多品种、小批量拣选时，摘果式会发生大量重复行走或同货位的反复查找与提取动作，反而降低总体作业效率，产生人工与时间的浪费。因而，摘果式适用于大批量、少品种或紧急订单的拣选。如图 2-41 所示。

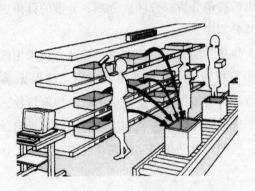

图 2-41 摘果式

播种式是将多份出库指令（或多个客户订单的要货需求）集合成一批，把其中同种、同规格货物的数量汇总，共同拣出，再逐个品种对所有客户进行分货（或称分单）。这种方式有利于进行拣选路线规划，减少不必要的重复行走和提取，适合于高频率、多品种、小批量订单的成批拣选。但其作业环节多，需要事先进行订单分批、合并、汇总计算等计划，拣出后还需要进行分单作业，与摘果式相比差错发生的概率较高。如图 2-42 所示。

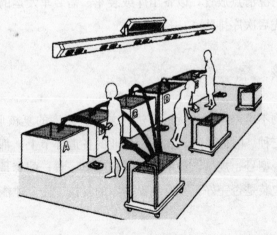

图 2-42 播种式

此外，对于库区范围较大的仓库，还可能采取分区拣选的策略，将一个订单按区域分割，拣出后再合并，或将多个订单先合并再按区域分割。而对于拣选非常频繁的仓库，和可能采用分批拣选的策略，按设定好的时间范围将订单划分成不同执行批次，再选择合适的拣选方式进行作业。

选定了拣选方式及策略后，应根据需要生成拣选单以便操作人员按单执行拣选。摘果式的拣选单与出库指令（或凭证）的货物品种及数量相同，增加拣货货位信息后可直接派给拣货人员执行，而播种式的拣选单则需反映合并订单后的拣选货物、数量及货位，并相应生成分货单，以便拣出后按单分货。分区、分割、分批的订单也需依据拣选人员按单操作的方便来设计拣选单及分货单。

多数仓库仍采用"人找货"的方式进行查找，拣选人员采用纸质拣选单或通过手持终端拣选，提取货物时应注意核对垛卡、拣选单和货物，确保无误后拣出并用手持终端扫描，在采用电子标签货位，只需按电子标签显示的数量提取货物。在实现自动化拣选的仓库，信息系统管理到每个货位并能自动查找和提取货物，甚至自动送至传送装置，能极大的节约人力与操作时间。当然，自动化程度越高，规划难度越大，且前期投入越大。

四、备货

备货作业一般是将拣出货物送至备货区后进行的分单、核对、二次包装、置唛等工作。分单是为了确保货物按客户订单分堆放置，核对是要仔细进行单货核对，确保货物按发运单分堆放置，核对工作必须逐车、逐批地进行，以确保单货数量、品唛、去向完全相符。二次包装是为了保证零散货物按单装箱或运输过程中的基本安全。置唛是在货物外包装上刷制"收货单位"简称，以便送货方识别交付。备货作业的最终目的是使货物按订单、客户或装车配载情况清点放置，以备出库或装车。需装车发运的货物一般会按发货月台放置，并根据装车先后次序排队。

五、出库复核

为了保证出库货物不出差错，备货后应进行复核。出库的复核形式主要有专职复核、交叉复核和环环复核三种。除此之外，在发货作业的各道环节上，都贯穿着复核工作。复核的内容包括：品名、型号、规格、数量是否同出库单一致；配套是否齐全；技术证件是否齐全；外观质量和包装是否完好。只有加强出库的复核工作，才能防止错发、漏发和重发等事故的发生。

六、装车与交接

出库物品经过复核和包装后，需要托运和送货的，应由仓库保管机构移交承运机构，属于用户自提的，则由保管机构按出库凭证向提货人当面交清。交接双方应签署交接文件，如运单、出库交接清单等。装车时应遵循的原则包括：后送先装，先大后小，先重后轻，易碎侧立，轻拿轻放，标贴朝上，同一票货应放在一起，同一个下货地点的货应放在一起。

七、登账

清点交接后，保管员应及时更新垛卡，保持货物的账、卡、物一致，在库存账上填写实发数、发货日期等内容并签名，及时更新库存记录，及时地准确反映货物的进出、存取的动态。在仓库发货业务中，有先登账后付货和先付货后登账两种做法。

先登账后付货：根据出库单登账，除了必须认真核单之外，还可根据仓储账页，在出库单上批注账面结存数，配合保管员付货工作，起到预先把关的作用。

先付货后登账：保管员付货前缺少预先把关的机会，但对于发货频繁、出库单较多的仓库，对提高仓库服务质量、缩短零星客户提货等候时间、充分发挥运输能力等方面来说是可行的。

【学习拓展】

分发中心发货程序，节选自某第三方物流企业运营管理制度。

1. 发货预约，车辆到库

（1）客户/承运商在送货前一日用电子邮件或传真方式发送次日提货预约给分发中心调度员，若电子邮件与传真出现问题则用电话告知，提货预约中应包括车牌号、货物品种、数量、批次等信息；分发中心调度员根据仓库资源配置情况与提货预约，确认最终的到库提货时间并制定预约计划，并将预约计划发送给客户/承运商。

（2）客户/承运商应按照预约计划安排送货车辆，并要求司机在预约时间内到达分发中心提货。车辆到达分发中心门口时，提货司机凭持有效证件（驾驶证、提货单、身份证等）到保安室登记。保安人员检查司机是否是按预约时间到达，如果不是则通知调度员重新安排预约时间；如果是按照预约时间到达并核对有效证件无误后，登记车辆进出库登记表后，将司机的驾驶证/身份证留下并把外来人员来访卡交给司机，安排入库。

（3）提货司机前往调度员处，调度员核对提货单上的印章、签名及单据联数并检查司机本人身份有效后，安排具体的提货地点并交单证员进行系统操作。

（4）单证员根据提货单进行系统操作打印拣货单，单证主管检查拣货单内容正确后交给司机，司机持提货单及拣货单前往指定提货点提货。

2. 仓库接单，按单拣货

（1）司机根据现场主管指令将车辆停靠位至指定的库门，在车辆与仓库门对接后，司机方可与现场主管进行单据交接与提货确认。

（2）现场主管核实单据无误后安排仓管员发货，同时登记效率控制表。

（3）仓管员按照拣货单上指定货位取货，并核对拣货单与实物的货位、名称/代码、批次、货卡信息是否相符，同时检查该货位货物质量状态是否可以分发。

产品名称/代码相符则核对数量，如果数量相符则取货并在货卡上盘核减数。如数量不符，则上报现场主管查证，并确认产品数量是否足够拣货，如果数量足够则继续拣货；不足则上报仓库经理进行处理并通知盘存主管调查原因。

如果拣货单上信息与货位实物不一致：①若为上架错误，必须由现场主管确认后，才可让仓管员将货物调换到正确货位发货，并修改货卡。次日现场主管需将此情况告知盘存主管，对该区域进行盘点，确认上架错误；②若非上架错误，在仓库经理确认的情况下由现场主管在提单上签短提给司机并报盘存主管调查原因。

（4）仓管员取货后盘点剩余数量，并在货卡上记录该票货物提货日期、拣货单号、所拣数量、结存数量，并签名。

3. 货物短提情况处理

（1）仓管员在拣货时，发现货物结存数量有误，应立即汇报给现场主管进行核查。

①如有多发情况，查证多发货车辆的车号及责任人，同时跟相应承运商联系，查证是否为可追回货物。所缺货物为不可追回，同时库存没有符合条件的货物时，则在仓库经理确认的情况下，由现场主管在该票提单空白处注明短提货物代码、批次、数量及短提原因并签名。

②如是待换箱、残损或是贴有红、黄标签不可发的产品，现场主管在该票提单上注明短提货物代码、批次、数量及短提原因并签名后交仓库经理签字确认。

（2）对于短提情况的处理，仓库经理在当日须向经营单位分管运作总经理汇报，并由经营单位分管运作总经理做出处理意见。

4. 按要求装车发货

（1）现场主管安排仓管员发货，同时登记效率控制表，仓管员在装车过程中应再次清点货物数量、品种，发现问题及时与现场主管联系。

（2）装车时，若客户要求按订单货物品种装车，司机在货物装车前告知现场主管：

①在装车前，司机将货物品种在车内具体摆放方式及位置向仓管员说明；

②以一个货物品种为单位，直到装完所有订单货物品种为止。

（3）装车时，若有拼车情况，则要按照送达客户的先后顺序装车：

①确定送达客户的顺序，司机在货物装车要提前告知现场主管；

②司机从送达客户顺序的最后一个客户起，按顺序开始装车；

③以一个客户为单位，每装一个客户为一个循环，直到装完所有客户为止。

（4）装车时，若是多车提一客户时，则要按照预约信息装车。

①根据承运商的预约，确定该客户共需提货的总件数、提货车辆的信息及总数、每辆车提货的件数；

②仓管员按照提货单和车辆预约信息发货；

③装车过程中，仓管员与司机共同核对货物数量；

④装车完毕，发货员与司机在提货单上签名确认；

⑤依次类推，直到最后一辆车装车完毕后，仓管员将提货单交给司机。

（5）装车完毕后仓管员应要求提货司机在提单上签名确认后，在相应位置签名并记录日期及发货结束时间（年/月/日/时/分），随后交现场主管。

（6）现场主管对经仓管员签收确认的单据进行审核无误后，给送货司机开具放行单；将提货单、拣货单及放行单交给司机，司机前往单证室办理出门手续。

5. 发货完毕，交单放行

（1）单证员检查提货单及拣货单无误后在放行单上盖发货章；将提货单仓库联留及拣货单留下并归档保存后，提货单司机留存联及放行单交给司机。

（2）保安检查车辆是否有异常，若发现异常，则司机、现场主管、调度确认检查结果；若车辆无异常，检查完毕。

（3）司机用外来人员来访卡与放行单换回驾驶证出库。

模块六 货物的盘点

学习目标 ▶▶▶

应知	应会
1. 盘点方式及其适用情况	
2. 盘点计划的内容	
3. 盘点的工作程序及内容	1. 制订盘点计划
4. 盘点表单的内容和作用	2. 设计和填制盘点单
5. 造成盘点差异的原因	3. 分析和处理盘点差异
6. 盘点差异的处理办法	

【背景导入】

易通物流制订了自己的盘点制度及流程，并用盘点工作分别支持每日盘点和每季度盘点。以下是每日盘点程序，节选自该公司运作管理规定。

每日盘点过程控制

1. 总则

（1）经营单位仓库经理指定专人担任盘存主管，负责盘点工作。

（2）每日盘点工作包括：收货复核与发货复核工作。

收货准确率控制主要通过收货的上架复核来实现；发货准确率控制主要通过发货复核或循环盘点机制两种方式进行，各分发中心可根据各库存品种与流量来选择发货复核与循环盘点机制。

（3）循环盘点机制是根据库房面积大小制定循环盘点频率而进行的盘点工作。

（4）仓库经理根据分发中心实际情况，选择盘点中的发货准确率控制方式。（注：发货复核与循环盘点任选其一，总部运作管理中心建议最好选择前者）

2. 收货准确率控制（每日收货复核盘点）

（1）仓库当日存在收货情况时，次日应对完成收货并上架的货物进行复核盘点，确定货位实物数据与系统数据准确无误。

（2）复核盘点实施前，单证员与仓库主管必须确认已完成上架工作。

（3）单证员根据前日收货上架报表中的货位打印出上架复核表交给库存主管。

（4）盘存主管组织盘存员（仓管员）根据上架复核表逐个货位核对产品的代码、批号、数量，并检查产品的状态是否完好，如发现差异，立即在上架复核表上列明。

（5）收货复核盘点中如遇到核实困难等情况，可要求仓库主管组织人员进行翻堆等操作，以获得可靠信息。

（6）收货复核盘点结束，盘存员（仓管员）将上架复核表交还盘存主管并汇报盘点情况。

3. 发货准确率控制

（1）每日发货复核盘点：

①仓库当日存在发货情况时，次日应安排应对发货货位进行盘点，确定货位实物数据与系统数据准确无误。

②盘点实施前，单证员与仓库主管必须确认以下工作完成：拣货确实、补货确实。

③单证员根据前日发货拣货单中的货位打印出发货复核表交给库存主管。

④盘存主管组织盘存员（仓管员）根据发货复核表逐个货位核对产品的代码、批号、

结存数量，并检查产品的状态是否完好，如发现差异，立即在发货复核表上列明。

⑤发货复核盘点中如遇到核实困难等情况，可要求仓库主管组织人员进行翻堆等操作，以获得可靠信息。

⑥发货复核盘点结束，盘存员（仓管员）将发货复核表交给库存主管并汇报盘点情况。

（2）循环盘点机制：

①盘存主管应根据库房面积大小制定循环盘点频率，循环盘点应以每周1万平方米的速度进行。例如，仓库面积为2万平方米，应于半个月完成一次循环盘点；仓库面积为3万平方米，应于三周完成一次循环盘点。

②盘存主管定期制订循环盘点计划，并将循环计划交单证员。

③单证员每日根据盘存主管的循环盘点计划，从系统导出计划范围内货位的系统库存清单交库存主管。

④盘存主管根据系统库存清单逐个货位核对产品的代码、批号、数量，并检查产品的状态是否完好，如发现差异，立即在系统库存清单上列明。

⑤循环盘点中如遇到核实困难等情况，可要求仓库主管组织人员进行翻堆等操作，以获得可靠信息。

⑥循环盘点结束，仓管员将发货复核表交给库存主管并汇报盘点情况。

4. 每日盘点结果的处理

（1）收、发货复核盘点工作完毕，库存主管对盘点结果进行分析：

①因上架错误产生的产品实际仓位与系统仓位不符，应查阅该批货的上架报表记录原始单据，查找原因后，将调查结果交仓库经理处理。

②批号混乱的，应安排装卸工重新分拣，将分拣后的批号及每个批号的数量，库存主管填写 YZ-BG-0109 仓位调整表报与单证员。批号错误的，直接填写 YZ-BG-0109 仓位调整表，报与单证员。由单证员联系总部信息部/客户，并在系统中进行批号调整。

③产品实物数量与系统数量不符，应查找收发货操作记录和系统的库存交易记录，进行核实。如未能查找原因，应查找相关的收发货操作记录和原始单证，查找原因，交仓库经理处理。

④查实多发的客户后，仓库经理立即通知该客户并说明情况，追回多发的货物；查实少发的客户后，仓库经理立即通知该客户并说明情况，商量进行补发，为公司挽回损失。

⑤发现外箱破损货物，应进行换箱操作；对于残损货物，应送至残损区域存放，等待报废。所有的操作，均需填写 YZ-BG-0123 残损品报告单给单证员，由其在 SAP 系统中进行调整。

（2）盘存主管根据盘点结果数据计算并统计库存准确率，并计入每日 KPI 报表中：

$$库存准确率＝（正确仓位数/盘点总仓位数）×100\%$$

（3）盘存主管在复核盘点结束以后，应向仓库经理提交书面报告（盘盈盘亏报告），仓库经理确认是否存在库存差异。

5. 盘点结果的汇报及差异处理

（1）出现盘点差异，仓库经理、盘点主管分析差异原因，并联系项目经理与客户进行沟通，协商解决差异问题。重大差异需报备运作管理中心（重大差异指盘盈盘亏货物价值在人民币 20000 元以上。

（2）针对差异原因，仓库经理应安排相关人员落实纠正/预防措施。

（3）单证主管对此次系统中保存此次盘点数据，并将相关盘点文件进行归档保存。

思考与讨论

（1）盘点的目的是什么呢？有人说盘点就是点数，你同意吗？

（2）你认为上面的每日盘点过程控制文件主要规定了什么内容？

（3）表 2-4 为易通物流的某仓库在某时段的盘点实例。

表 2-4　　　　　　　　易通物流某仓库在某时段盘点表

货码	名称	数量	退货	应盘	实盘	备注
10010008	乐事美国经典原味 18g×120（07 新膜）	28	15	43		
10010009	乐事美国经典原味 25g×96	300	0	300		
10010105	乐事得克萨斯烧烤味 18g×120	38	0	38		
10010205	乐事薯片意大利红烩味 18g×120	16	15	31		
10010206	乐事意大利红烩味 25g×96	323	0	323		
10010301	乐事墨西哥鸡汁番茄味 18g×120	23	16	39		
10033200	乐事奇异果味 50g×40	417	0	417		
10050039	乐事美国经典原味 80g×32（07 新膜）	210	0	210		
10050053	乐事原味 80g（再来一包）	1	0	1		
10050054	乐事原味 100g（再来一包）	235	12	247		
10050129	乐事得克萨斯烧烤味 100g×32（06 新膜）	1	0	1		
10050145	乐事得克萨斯烧烤味 80g（再来一包）	383	0	383		
10051226	乐事黄瓜味 80g（再来一包）	335	0	335		
10052408	乐事青柠味 80g（再来一包）	41	0	41		
10052409	乐事青柠味 100g（再来一包）	37	0	37		
10070007	乐事美国经典原味 170g×16	231	3	234		
10070104	乐事得克萨斯烧烤味 170g×16	208	2	210		
15230508	奇多巴西烧烤味立体脆 60g×60（功夫）	73	11	84		

货码	名称	数量	退货	应盘	实盘	备注
15250500	奇多巴西烧烤味立体脆 90g×40	85	0	85		
17030000	多力多滋拉风芝士味 50g×40	115	0	115		
18170100	桂格即食燕麦早餐清新酸奶味 210g×20	13	0	13		
18170200	桂格即食燕麦早餐香浓粟米味 210g×20	8	0	8		
20150000	心赏豌豆原味 120g×30	60	0	60		
20150100	心赏豌豆青柠味 120g×30	29	0	29		
合计		3210				

请分析此次盘点适用于哪种盘点方法，你也可以比较不同盘点方法的适用性，继而做出选择。如表2-5所示。

表 2-5　　　　　　　　　　各种盘点方法适应性

盘点方法	优点	缺点	适用情景

（4）盘点中可能出现的差异状况如下，请讨论相应对策。如表2-6所示。

表 2-6　　　　　　　　　　盘点差异及对策状况

序号	差异原因	对策参考
1	进货验收错误	
2	拣选出货错误	
3	卡片记录错识	
4	实物盘点错误	
5	数据录入错误	
6	货物丢失被盗	
7	报表数据错误	
8	盘点方法错误	

【知识要点】

在储存过程中，因存放时间太长或保管不当会使其储存物的质量及数量受到影响。为了对储存物的数量进行有效控制，并查清商品在库中的质量状况，必须定期或不定期地对各储存场所进行清点、查核，使实物与信息记录相符。这一过程就是盘点。简而言之，盘点就是验证库存货物的实际数量与客户账面上所记载的数量是否一致；也是证实某一定时间段内库存货物的结存数量是否无误的方法。

一、盘点的功能

盘点的基本功能是通过点数计数查明商品在库的实际数量，核对库存账面资料与实际库存数量是否一致。同时，也可以检查在库商品质量有无变化，有无临近或超过有效期和保质期，有无长期积压等现象；也可以检查保管条件是否与各种商品的保管要求相符合。如堆码是否合理稳固，库内温度是否符合要求，各类计量器具是否准确等。

另外，盘点，尤其是实地盘点会使企业潜在的问题显露出来。仓库存放的应该是良品，但是事实上不然。由于各种原因，仓库人员很少能细心地及时核查，以致良品变不良仍然不知，呆料长久盘踞宝贵的仓库储位而不自知。

所以，盘点既是对库存数量等问题的反馈控制，也是对一些深层问题的前馈控制。

二、盘点的方法

（一）根据盘点的频率划分

1. 定期盘点法
在规定的某一时间点或时间段内，将所有的货物进行盘点，通常在某一审计期间的期末进行。

2. 不定期盘点法
即为未规定实施盘点的日期，而是在必要时随时进行盘点。

3. 经常盘点法
此方法并未设定盘点日期，而是穿插在日常业务之中的每日交接班盘点。

（二）根据盘点的方式划分

1. 全面盘点法
定期不定期地对所有货物进行盘点。进行全面盘点须事先制订准备盘点计划，需要停止货物的出入库作业或利用节假日加班进行盘点。

优点：对所有的货物，可同时间正确地掌握盘点数据，使其可以和审计上一致；

缺点：为了盘点必须停止出入库作业或利用节假日加班完成，会给仓库管理方增加一定成本。

2. 连续盘点法

将库房货物分为若干区域，逐区逐类轮流进行盘点或某种货物库存量达到最低库存量时，进行机动盘点。

3. 联合盘点法

为了避免连续连续盘点可能失去的全面检查的机会，而采用联合盘点法。

（三）根据盘点的形式划分

顾名思义，两者是根据盘点过程中是否停止库房的出入库作业而划分的。

（四）根据盘点的应用划分

1. 随机盘点法

指库管根据实际情况对某一货物进行盘点，以确定其实际数据是否与账面数据一致，并追查差异原因的盘点法。

2. 永续盘点法

指库管根据 ABC 或发货量的分析，排定日程并将所有的货物分批进行盘点一次或多次。

3. 年度盘点法

指年终时，库房停止所有的作业，将货物摆放整齐，全面清点品种、规格、数量，并作出年终结算报告的盘点。

（五）按使用的工具不同划分

1. 盘点表盘点法

以信息员和客户对账后的系统数据中，导出的某一时断盘点表。以此对库房货物进行盘点。此办法因其运用十分方便、且盘点中容易发现漏盘、重盘、错盘等现象被广大仓库管理方使用。

2. 垛卡盘点法

根据同规格同批号的货物所建立的垛卡，依次对库房货物进行盘点的方法。

3. 货位盘点法

根据货位号对该货位上的货物进行依次盘点的方法。

三、盘点的步骤

（一）盘点前的计划和准备

盘点前首先要制订作业计划，盘点范围越大、周期越长，制订盘点计划越有必要。盘点计划中应包括盘点日期的选定、盘点区域的选定、盘点人员的分工和工作进度安排。计划完成后应进行盘点准备，包括整理盘点区域、停止出入库作业、确认账务记录、准备盘点表单及工具等。在实物盘点前，最好先将库存账与仓库货物出入明细及货位垛卡进行核对，确保账账相符。需要注意的问题：

（1）待验收货物，入库单不得记入库存账，并且不进行盘点；

（2）已经备货准备出库的货物，须确认是否记入库存账，如果记入，则不进行盘点，否则，进行盘点；

（3）已验收的货物，必须记入库存账；

（4）货物验收完毕后，必须入货位；

（5）退换货和残品要入残品区并做相应标记以便盘点人员识别，可列入盘点范围；

（6）将盘点区域内的库存账暂时封存，以备实物盘点后核对；盘点区域内暂停出入库作业。

（二）盘点中的作业流程

盘点作业一般分为初盘和复盘。在广泛使用的盘点表盘点法中，盘点人员应备好盘点表单，其上清楚列出待盘货物名称（或及规格型号）、货位编号、应盘数量（从库存账中导出），留空实盘数量栏，待盘点时填入，一般应留有差异备注栏和复盘栏，下方还应有盘点人员的签字栏。有时为了提醒盘点人员清楚计数和检查货物，防止敷衍，盘点表上不明示应盘数量，而是待盘点后再行与库存账核对。一般而言，初盘与复盘应为不同的操作人员，复盘时可能全面盘点，也可能仅就差异部分进行盘点。盘点时不仅要计数，还应检查货物保管状态，尤其是实施保质期管理或批次管理的货物，应判断其是否临近或超过保质期、各批次货物是否存在混放等。

（三）盘点后的数据统计分析

盘点完成后，应使用盘点人员及仓库负责人签字的盘点表单进行实盘数量的汇总统计，然后与库存账目进行对照，根据盘点结果填写盘点差异表和盘点报告。若发现重大差异，可视情况组织再次复盘与核查。差异一般分为盘盈、盘亏两种，盘盈指实盘数大于账面数，盘亏指实盘数小于账面数。不论是盘盈还是盘亏，均反映出库存信息管理水平的不足，不过盘亏可能暴露的问题更严重。质量状态的变化也应记录在盘点报告中。

（四）盘点差异的分析与处理

发生盘点差异的原因大致有以下几种：

（1）错盘、漏盘或核对计算错误。这种错误基本上可以通过差异复盘或扩大盘点区域重盘予以更正，是内部可处理的、最易解决的一种盘点差异。但是若经常出现这种情况，则反映出盘点人员的工作态度、方法或能力问题，应辅以培训、奖惩等人员管理措施。

（2）库存账记录错误。如实物数量与垛卡的记录一致，也有原始出入库凭证，但库存账（可能记录在信息系统中）中缺少该笔出入库记录，这可能是仓库进行了实物收发后没有及时登账或向信息管理人员反馈，也可能是信息管理人员的疏忽造成的。这时，只要是有实物与原始出入库凭证，可以据此调整系统账目记录。

（3）仓库收发作业失误。包括入库验收数量错误或未辨识残损品、出库货物错发或漏发等。这些情况需由仓库负责人组织追溯，从原始出入库凭证、交接清单、运单、回单（或收货签收单）等入手，核查错误发生的环节，追回错发货物，再根据上级批示调整库存账目。

（4）在库保管不善。包括保管条件变化引起的货物质量损耗、未执行先进先出造成货物临期或过期、报废货物未及时登记等。这些情况应及时上报处理，残损或过期货物应向货主或客户报告，属于仓库方过错的还需根据服务合同规定进行赔偿，残损品应隔离存放并做销账处理。临期货物也应及时报告给货主，提醒其及时降价销售或做其他处理。出现这些情况暴露出仓库在库管理的不足，应研究改进方案，建立必要的管理流程或制度，加强人员培训。

盘点差异的处理依据差异重大程度应遵循层层申报制度，应准备书面盘点报告及差异处理申请，一般仓储机构的主管、经理、总经理等级别会被赋予不同金额的差异处理权限。上级主管部门决定差异的处理方式，并实时地追踪差异处理的结果。

【学习拓展】

拓展项目1——UT公司案例学习

UT公司是致力于为全球市场供应品质一流，包括GSM、CDMA、Wi-Fi、3G以及其他多模多频通信终端产品，并形成了一套从产品规划管理、研发、生产、销售到售后服务的完善体系。强大的技术研发实力、出色的产品品质、创新的技术和丰富的全球市场资源保证了该公司正向着世界无线终端产品领先厂商的行列迈进。该公司对售后产品（终端产品的备品、备件）仓储外包给了第三方物流管理。

ZJS公司是一家大型物流企业，成立于1994年，一直致力于为客户提供最佳的仓储、运输、包装、配送、电子商务等服务项目，运营实体包括34家分公司、180多个独立城市营业所、2100个营业网点，自有车辆1850余台，每天在ZJS操作平台上运送的包裹超过30万件。在业务运营方面，ZJS拥有国内领先的专业仓储、分拣设备、及以ERP、WMS等为主导的信息系统，并拥有一批专业的技术和服务人员，凭借遍布全国的2000多个分支机构，为客户提供及时、准确、完善的物流服务和支持。在经营管理方面，ZJS为客户提供最新最好的客制化服务，不断为客户创造价值，始终不懈地保持创新以提高自己在产业链中的价值。截至2009年年底，与ZJS公司签约的项目型客户总数超过了3000个，这是ZJS十几年来风雨兼程的跋涉，是"珍重承诺、送物传情"的理念结出的累累硕果。

ZJS公司作为UT公司中标的仓储服务商，双方需要对在库备品、备件进行全面的盘点，盘点结果作为双方货物交接的凭证，交接后双方就以交接的库存进行业务操作及考核。

如果你作为ZJS公司UT项目负责人，请你：

（1）设计UT项目库存切换方案（盘点时间、盘点人员、盘点方式、盘点培训、盘点细则）；

（2）设计盘点操作流程和盘点差异处理流程；

（3）制作货品盘点报表、货品盘点差异报表、货品双方交接报表。

拓展项目2——IT类货物的盘点

IT类货物的盘点区别于其他行业的盘点需要重点注意以下几点：

1. 无实物产品的盘点

无实物产品既然是无实物，需要盘点吗？库管怎么进行盘点？盘点的目的是什么？

无实物虽然没有对应的实物相对应，但它具有金额。可能是服务，也可能是电子license（序列号），IT类公司大部分都有自己的IT系统管理库存和账务，作为库房管理的重要职能之一的账实相符原则同样适用于无实物。

无实物盘点多采用项目运作后整体清算的方式进行盘点，原则是项目运作完成后对应的服务也应该按计划分批消化。并据此定期核实订单的收入情况。

无实物产品有可能对应的是产品销售后，服务人员耗费工时所付出的劳动和技术资源。

2. 硬件产品的SN盘点

对于IT类产品，硬件产品的盘点不只是数量上账实相符，SN也需要相符。

SN作为产品的唯一身份证明，会影响到售出产品的售后保修服务的判断、销售判断是否串货的手段等。所以硬件类产品的盘点一定要做到SN级别的账实相符。

模块七 退换货及残品管理

学习目标 ▶▶

应知	应会
1. 仓库对退换货及残品的定义 2. 退换货或残品的来源 3. 退换货或残品在仓库的处置方法	1. 辨识退换货或残品的来源 2. 合理处置退换货或残品

【背景导入】

下文节选于某第三方物流企业关于残损品管理的规定。

1. 职责

（1）现场主管负责定期组织检查仓库中货物的状况，并监控仓库运作中产品残损的产生，如发现残损产品，及时上报仓库经理。

（2）仓库经理负责对出现残损品责任进行划分，每月残损货品的汇总、统计并上报经营单位。

（3）各经营单位负责将每月残损情况及处理方案上报总部财务部、企业规划部、运作管理中心。

（4）公司企业规划部、财务部、运作管理中心负责有关处理方案的审核，公司领导负责有关处理方案的批示。

2. 控制程序

（1）残损品的定义：

①到库或在库货物由于外包装、内部损坏或受到不可清除之污染导致不能出库或分发的货品，列为残损货品。

②货品是否残损的最终确定权属于货品所属的客户。

③怀疑内部损坏或界定条件不明显的应马上通知客户，由客户最终确定。由于客户原因不能马上确定的，在得到客户认可后将此部分货品单独摆放，做出明显标识，并做好相关书面记录，采用系统操作的仓库在系统中做出相应处理，直至得到客户最终确认。

（2）残损事故的定义：

①运输残损事故：指运输过程中由于各种原因导致的货品残损事故。这一残损结果在仓库收货时被发现。

②库存残损事故：指仓库正常巡仓过程中发现的货品残损事故。

③仓库作业残损事故：指仓库在进行正常的装卸、上架、补货及备货作业中由于员工的操作不当而引起的货品残损事故。

（3）残损事故的分类：

①四级事故：一次事故经济损失小于1万元人民币；

②三级事故：一次事故经济损失大于1万元小于10万元人民币；

③二级事故：一次事故经济损失大于10万元小于100万元人民币；

④一级事故：一次事故经济损失大于100万元（含100万元）人民币。

（4）制定处罚细则。各经营单位根据与客户协定的产品赔款协议、产品的性质等数据，制定员工损坏产品的处罚细则；并将处罚细则下发到各个仓库，要求仓管员对处罚细则清楚了解。如客户产品价格变动、赔款协议修改，仓库经理应对员工损坏产品的处罚细则加以修改，并下发到仓库。

（5）库存残损事故的处理：

①仓库员在任何情况下发现库内残损后，必须立即上报仓库主管，仓库主管在接到通知后，立即上报仓库经理，并填写 YZ－BG－0123 残损产品报告单将残损产品转入残损货位。

②仓库经理收到 YZ－BG－0123 残损产品报告单后，应立即去现场对残损货品进行判别，认定出现残损为以下原因之一：客户包装缺陷引起的货品残损；仓库发生自然灾害；仓库气候潮湿造成纸包装变软引起的货品残损；仓库员工为逃避责任，将自己损坏的产品替换入正常货位的货品残损。

③针对以上四种原因，仓库应采取以下处理方法：

对于客户包装缺陷引起的货品残损，应立即拍照存档，并通知客户到现场确认，由客户进行处理，全部的处理费用应由客户承担。

对于仓库发生自然灾害或仓库气候潮湿造成纸包装变软引起的货品残损，应立即拍照存档，并上报公司企业规划部，按照仓库财产险的赔偿程序进行申偿。

对于仓库员工为逃避责任，将自己损坏的产品替换入正常货位的货品残损，应立即在仓库展开调查，确定责任人，由责任人全额赔偿，并视情节与残损货品金额的大小对责任人处以警告直至开除的处分。

④仓库经理认定残损结果后在 YZ－BG－0123 残损产品报告单上签字确认，单证员根据 YZ－BG－0123 残损产品报告单上仓库经理的审核签字进行系统货物冻结处理。

（6）仓库作业残损事故的处理：

①在仓库正常操作过程中发生残损事故，由事故当事人立即报告现场主管，由现场主管立即填写 YZ－BG－0123 残损产品报告单将残损产品转入残损货位，并由当事人签名确认。

②仓库经理对作业残损事故性质进行判别并报经营单位分管运作总经理、经营单位总经理，提出相关处理意见；具体处罚措施由经营单位总经理审批后执行。如属于偶然事故，则根据客户提供的产品赔偿价格，参照表 2－7 中的处罚办法对当事人进行处罚。

表 2－7　　　　　　　　　　作业残损事故处罚办法

损失金额范围	赔偿比例
200 元以下	按损失金额 100％赔偿（并给予口头警告）
200～1000 元以下（含 200 元）	按损失金额 80％～90％赔偿，但不低于 200 元（并给予书面警告）
1000～3000 元（含 3000 元）	按损失金额 50％～60％赔偿，但不低于 800 元（并给予书面警告）
3000～6000 元（含 6000 元）	按损失金额 35％～45％赔偿，但不低于 1200 元（并给予严重警告）
6000 元以上	按损失金额 30％赔偿，并立即开除

③如果员工损坏产品瞒而不报，一旦查出，将以经济处罚并开书面警告加以教育。

④仓库经理认定残损结果后在 YZ－BG－0123 残损产品报告单上签字确认，单证员根据 YZ－BG－0123 残损产品报告单上仓库经理的审核签字进行系统货物冻结处理。

（7）残损货品的汇报和财务处理：

①各经营单位分管运作总经理根据项目经理与客户协商残损品的处理方式，组织编写残损情况及解决方案书面报告，报送经营单位总经理审批。销售或发放金额在 1000 元以下时，各经营单位可以自行处理。销售或发放金额在 1000 元以上，经营单位应上报公司总部审批，按照总部审批后的意见处理。

②总部企业规划部、财务部、运作管理中心负责有关处理方案的审核，公司主管运作总经理、财务总监负责审阅与批示。销售或发放金额在 5000 元以上时，还需报公司总经理审批。

③所有对于残损货品收取的处罚金，必须以经营费用货损科目存入经营单位账户，作为专项基金冲抵经营单位由于出现残损所造成的损失。

④已向客户赔偿后的残损货品作为公司的财产，由经营公司对其残值进行估算，并按估算价值进行销售，销售款项以经营费用货损科目存入经营公司账户，作为专项基金冲抵经营单位由于出现残损所造成的损失。

思考与讨论

1. 该公司如何定义残损品？

2. 残损品是如何产生的？

3. 仓库如何处置残损品？

【知识要点】

一、退换货及残品的类型

（1）不符合客户要求的货物：

①破损货物；

②不合格的产品；

③不符合订单货物；

④客户承诺可退换的货物。

如货物移库过程中、盘库中或运达客户处后，发现货物原箱阴漏、原箱少瓶或货物批号和品种与订单不一致的情况时，司机联系公司调度确认，在订单上填写实收数量，将有问题的货物原箱不动的返回易通公司，易通公司开具易通物流退货单交给司机，再由易通公司安排车辆将货物到工厂退换。

（2）物流作业中破损的货物（如图2-43所示）。

①运输过程中破损的货物；

②配送过程中破损的货物；

③仓库作业中破损的货物。

如司机运输中由于固定不当、紧急刹车、车辆剐蹭或库房作业中搬运失误、叉车剐蹭造成货物破坏的货物，根据与中粮的合同要求，该项损失按照谁破坏、谁赔偿。

图 2 - 43　破损货物

（3）由于客户订单量较小引起的"过期货物"。

这里说的"过期货物"是指过产品销售期的货物，一般为产品保质期的三分之一。如果超过产品销售期，客户的销售将受到严重影响，因此，大多数的客户都不会接收过销售期的货物。

（4）因仓库作业失误，造成的退换货和残品。

二、货物退换货及残品的处理

（1）对于第一类和第三类货物的处理方式有返厂处理和指定第三方销毁处理；

（2）对于第二类和第四类货物根据仓库管理方和客户的协议中关于仓库管理方和物流方所造成的退换货和残品的处理方式的条款处理；

（3）对于其他原因所造成的货物退换货及残品由仓库管理方和客户协商解决。

【学习拓展】

图 2-44 是某销售机构的退货流程图，据此讨论与思考仓库在退返货作业中与货主、客户之间的关系。

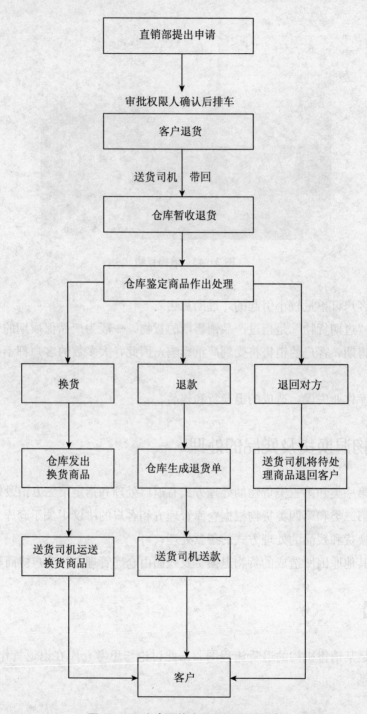

图2-44 客户退换商品处理流程示意

项目三　仓库成本与绩效

　　经过仓库运营实践，你得到了仓储管理的实践经验。被公司各方认可，提升你为项目经理。你的视野更加开阔，可以跳出仓库的运营看事情了。项目二中，我们了解了仓库的运营，知道了在入库、出库、盘点中要做哪些以及如何做。现在，请大家思考以下问题：仓库管理的目标究竟是什么？仓库处于什么样的情况能说明仓库管理的水平高呢？

模块一　仓储成本核算与分析

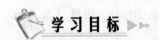 学习目标 ▶▶

应知	应会
1. 仓储成本的构成内容	1. 对仓储成本进行量化
2. 项目成本与整体成本的关系	2. 合理分摊项目成本
3. 成本分摊方式	3. 评价成本的合理性

【背景导入】

　　作为项目负责人员，研究易通物流公司北京分公司不同客户仓储项目的仓储成本构成并做出分析。

　　在企业里面，仓储活动不是为了运营而运营，也不是为了管理而管理。也就是说，运营和管理是仓储的方法、手段，而不是目的。那么，仓储活动的目的是什么呢？我们可以回顾第一个模块，里面讲到企业进行物流管理的目的是把合适的物品在合适的时间、合适的地点，按照合适的数量、质量，交到合适的客户手里。这可以说是物流运营的目标，也是仓储运营的目标，只是仓储更侧重保管而已。那么，实现"六个合适"，又是为了什么？

小讨论

仓储管理的目标是什么呢？

这个问题非常重要，该问题的实质就是提醒大家思考仓储管理的目标是什么？当仓库达到什么样的状况时说明经营管理的好呢？什么样的状况说明经营管理的不好呢？问题又出在哪里？我们可以将所有的目标写下来，并将其分类，同时思考他们之间的关系？

实现"六个合适"，一方面代表了物流服务的提供水平，具体到仓储而言，主要是保证货物的质量安全和数量准确；另一方面隐含着对应物流服务提供水平下的物流成本。物流服务水平越高，企业可以获取的收益会越大；物流成本越低，企业可以获取的利润空间也会越大。

而二者之间存在明显的"效益悖反"现象，需要管理者在之间进行平衡与抉择，在实际情况中寻求到平衡点。在上一个项目中，通过对仓库运营管理的学习，我们可以看到，在入库、分拣、出库环节中的各种流程，其目的就是为了保证货物的质量安全和数量准确。在本项目中，通过对仓储成本核算和分析的学习可以了解到仓储成本的构成以及从哪些方面去降低成本；通过对仓储管理 KPI 设计和分析可以了解到效率指标的量化以及从哪些方面提高效率，并对仓储的绩效形成全面科学的评价。

易通物流公司北京分公司主要有 9 家客户，存储货物分为食品、图书、机械设备，如表 3-1 所示。

表 3-1　　　　　　　　　易通公司北京分公司客户存储货物

序号	客户名称	存储货物	仓储面积（平方米）
1	中粮食品	食用油	6000
2	好丽友	食品	2500
3	中机联供	机械设备	1600
4	普凡生	机械设备	200
5	龙跃友联	机械设备	100
6	图新经纬	图书	100
7	福兰天成	机械设备	100
8	珠心算	图书	50
9	邦肯公关	图书	50

易通物流公司北京分公司共有 4 个独立的仓库，分别是 1 号、2 号、3 号和 4 号仓库，仓库面积分别为 3000 平方米、3000 平方米、2500 平方米和 2600 平方米，仓库总面积 11100 平方米。

中粮食品和好丽友货物为食品，分别独立存放，4 号仓库为综合性仓库，除中粮食品和好丽友以外的 8 家客户全部存放在此。4 号仓库分为两部分，其中，2000 平方米为平面仓库、600 平方米为立体仓库。4 号仓利用率没有达到 100%，除预留的 200 平方米分拣区域外，另有 200 平方米空置面积。

作为中粮项目的负责人，中粮食品项目仓储业务的赢利情况如何，也是你应该非常关注的内容。这与降低仓储成本的管理的目标也是一致的。因为，赢利与否一方面取决于客户报价，另一方取决于仓储成本，可见要想对中粮食品项目仓储业务做出科学的评价，首先应该搞清楚这个项目到底耗费了多少资源。

通过以上介绍，你清楚了易通物流公司北京分公司的仓储业务构成，如果你是中粮食品项目负责人，你怎么评价你所管理的仓储项目运作的好坏呢？

1. 成本构成分析

假设易通物流公司的仓储收入分为仓储租金收入、仓储管理费收入和装卸收入。而成本构成则相对复杂得多。"钱"都花到哪里去了？——仓储成本的构成。请大家展开讨论或调查，看看仓储管理过程中我们使用和消耗了哪些资源（人、财、物）？"钱"都花到哪里去了？并填写表 3-2。

表 3-2　　　　　　　　　　　　　易通公司仓储管理成本

人力资源	仓储过程中使用的物品	仓储过程中消耗的物品	仓储过程中花费的"钱"
库管	叉车	电	通信费
……	托盘	水	……
……	……	……	……

2. 成本的量化处理

在成本核算的过程中，我们一般是按照月份核算。仓储成本的量化是指在仓储成本核算的过程中，将所有仓储成本量化到核算周期内。在成本核算过程中，为了能够真实地反映经营状况，通常采用的是权责发生制。在仓储作业过程中，无论使用资源的"钱"是否已经支付，都应该将成本根据仓储作业发生的时间计入当天或者当月的仓储成本核算中，而不是按照支付"钱"的时间计入仓储成本，也就是按照"应付"作仓储成本的核算。

在仓储作业过程中每进行的一次操作都会产生成本，例如，某年某月某日使用叉车将一托盘食用油从货架上移动至仓库门口，并由装卸工人将货物码放到车厢内。在这个过程中，首先货物存储在货架上，其次用到了叉车和托盘等设备和消耗了柴油和电力，同时占用了人力。

那么从成本构成的框架而言，仓储操作过程中的人力成本最终以人员工资的形式支付，那么每一天的工资可量化到当天的仓储成本中，但购买叉车的费用（10 万元）在之前一次性付完，又怎么量化到核算周期内呢？

在仓储成本的量化过程中可分为两类：一类是随仓储作业即时发生的费用，这类成本按照仓储作业发生时间直接计入核算周期内。另一类是诸如固定资产等前期一次性投入的费用，这类成本按照财务规定的折旧年限计入核算周期内。

请思考：如果易通物流公司在 2009 年 1 月购买一台叉车，共计 12 万元，如果按照 5 年折旧平均，每月计提的折旧费是多少？

3. 测算总体仓储收入

假设易通物流公司的仓储收入分为仓储租金收入、仓储管理费收入和装卸收入。仓储租金收入费率为 13 元/（月·平方米），以实际使用面积计费；仓储管理费收入费率为 2 元/（月·平方米），以实际使用面积计费；装卸收入费率为 8 元/吨，以出入库量计费。请根据表 3-3 核算出易通物流公司北京分公司 2010 年 1 月的仓储收入。

表 3-3　　　　　　　　易通公司北京分公司作业明细

项目	实际使用面积（平方米）	出入库量合计（吨）	使用劳务装卸量（吨）
中粮食品	6000	6500	5000
好丽友	2500	3000	2500
中机联供	1600	2800	0
普凡生	200	0	0
龙跃友联	100	100	100
图新经纬	100	150	150
福兰天成	100	200	200
珠心算	50	300	50
邦肯公关	50	0	0
合计	10700	13050	8000

4. 测算总体仓储成本

表 3-4 为易通物流北京分公司 1 月份仓储成本明细，请计算总体的仓储成本。假设仓储租金收入、仓储管理费收入和装卸收入均按照 5.5% 计税，请核算出易通物流公司北京分公司 2010 年 1 月的税金成本。

表 3-4　　　　　　　　易通物流北京分公司 1 月仓储成本明细

成本类型	金额（元）	项目	摘要
劳务装卸费	25000	中粮食品	装卸 5000 吨，按 5 元/吨计费
劳务装卸费	10000	好丽友	装卸 2500 吨，按 4 元/吨计费
劳务装卸费	500	龙跃友联	装卸 100 吨，按 5 元/吨计费
劳务装卸费	750	图新经纬	装卸 200 吨，按 5 元/吨计费
劳务装卸费	1000	福兰天成	装卸 150 吨，按 5 元/吨计费

续 表

成本类型	金额（元）	项目	摘要
劳务装卸费	1500	珠心算	装卸 300 吨，按 5 元/吨计费
低值易耗品	1000	综合	购买塑料膜 10 卷
低值易耗品	200	综合	购买锯末、钉子等
低值易耗品	1500	综合	新购地牛 1 台
叉车油费	16000	综合	
修理保养费	500	综合	正常保养叉车 2 台次
修理保养费	800	综合	叉车修理费
电费	2400	综合	本月用电 2400 度，按 1 元/度计费
办公用品费	300	综合	公司总办室核算摊派办公用品费
通信费	1000	综合	库管等手机费用
通信费	300	综合	605×××47 座机费
交通费	200	中粮食品	每日取单费用
交通费	100	好丽友	加班晚报打车费用
邮寄费	60	龙跃友联	邮寄回单费用
邮寄费	40	珠心算	邮寄发票费用
交际招待费	200	中粮食品	客户盘库招待费用
交际招待费	1000	综合	新年聚餐费用
人工成本	30000	综合	仓库 10 人工资及福利费
仓库租金	111000	综合	仓储租赁面积 11000 平方米，按照 10 元/（月·平方米）计费
设备租金	5000	中粮食品	租赁叉车一台，5000 元/（月·台）计费
折旧费	6000	综合	3 台叉车折旧费，2000 元/台
折旧费	2000	综合	货架折旧费
折旧费	1500	综合	托盘折旧费
安全管理费	500	综合	
保险费	500	综合	集团摊销保险费

5. 计算结果

将上面收入及成本的计算结果填入表 3-5。

表 3-5　　　　　　　　　　易通物流北京分公司收入成本

项目	金额	备注
变动成本		
人工成本		

续　表

项目	金额	备注
固定成本		
税金		
成本合计		
收入合计		
毛利润		=收入合计－成本合计
毛利率		=毛利润/收入合计

6. 项目核算及分析——数据的拆分与汇总

根据上面的计算，我们可以得到易通物流公司北京分公司的仓储成本情况，但是我们的任务是"研究易通物流公司北京分公司中粮食品项目的仓储成本构成并做出分析"。现在的问题就是如何将公司的成本科学合理的分摊到中粮项目中去。

请大家再次看看成本明细表，并思考一下问题。装卸费 25000 元显然是中粮项目发生的直接费用，每日取单的交通费 200 元显然也是中粮项目发生的直接费用，这些可以直接计入。但电费 2400 元是整个仓库在作业过程中花费的，中粮项目应该摊销多少呢？类似的综合费用又该以什么标准摊销呢？请大家讨论，并总结出来。

综合费用的分摊标准是什么呢？

重要提示

对于分摊标准来说没有绝对的对错，可谓仁者见仁，智者见智，能按照实际情况真实地反映出费用的分摊即可。有时甚至就是硬性的摊派，有时随着情况的变化分摊标准也在改变。采用不同的分摊标准会对项目的成本造成不一样的结构，在这个过程中力求科学公平，但不一定完美。

7. 成本分摊

表 3－6 给出了易通公司部分客户的成本分摊结果，请大家了解是如何进行分摊的。

有了以下的仓储成本数据，我们就知道了易通物流公司北京分公司中粮食品项目的仓储成本。通过与历史数据的纵向比较和其他项目的横向比较，从而从数据中发现问题，提出优化改进的措施。

由此我们也会看到，在工作和学习中常常会遇到这样那样的问题，特别是在经营管理和科学研究中遇到的问题都比较复杂，往往不能根据感性的认识去判断或者决策，更多的是要通过寻找与问题相关的数据项、积累基础数据、建立数据关系（模型）、分析数据，从而做出理性的判断和决策。经过优化后，再来看看这些数据指标是向好的趋势发展，从而判断决策的正确与否。这种将问题量化为数据的思路，虽然不能解决所有的问题，但可以大大降低决策失误的概率。

表3-6　易通物流部分客户成本分摊情况

单位：元

成本类型1	成本类型2	成本明细	成本合计	中粮食品	好丽友	中机联供	普凡生	龙野友联	图新经纬	福兰天成	珠心算	邦背公关	公司摊销成本	备注
		仓储面积（平方米）	11100	6300	2500	1600	200	100	100	100	50	50	400	
		仓储面积分摊率（%）	100.00	56.05	22.52	14.41	1.80	0.90	0.90	0.90	0.45	0.45	3.60	
		出入库量合计（吨）	13050	6500	3000	2800	—	100	150	200	300	0	0	
		出入库量合计分摊率（%）	100.00	49.81	22.99	21.46	0.00	0.77	1.15	1.53	2.30	0.00	0.00	
变动成本	外部成本（元）	仓储成本——劳务装卸费	38750	25000	10000	—	—	500	750	1000	1500	—	—	直接计入
	内部成本（元）	仓储成本——低值易耗品	2700	1345	621	579	—	21	31	41	62	—	—	按出入库量合计分摊
		仓储成本——叉车油费	16000	7969	3678	3433	—	123	184	245	368	—	—	按出入库量合计分摊
		仓储成本——修理保养费	1300	648	299	279	—	10	15	20	30	—	—	按出入库量合计分摊
		仓储成本——水费	0	—	—	—	—	—	—	—	—	—	—	
		仓储成本——电费	2400	1195	552	515	—	18	28	37	55	—	—	按出入库量合计分摊
		仓储成本——办公用品费	300	149	69	64	—	2	3	5	7	—	—	按出入库量合计分摊
		仓储成本——通信费	1300	648	299	279	—	10	15	20	30	—	—	按出入库量合计分摊
		仓储成本——交通费	300	200	100	—	—	—	—	—	—	—	—	直接计入
		仓储成本——邮寄费	100	100	—	—	—	60	—	—	40	—	—	直接计入
		仓储成本——差旅费	0	—	—	—	—	—	—	—	—	—	—	
		仓储成本——交际招待费	1200	741	225	144	18	9	9	9	5	5	36	按仓储面积分摊＋直接计入
人工成本	内部成本（元）	人工成本	30000	16216	6757	4324	541	270	270	270	135	135	1081	按仓储面积分摊
固定成本	外部成本（元）	仓储成本——仓库租金	111000	60000	25000	16000	2000	1000	1000	1000	500	500	4000	按仓储面积分摊
		仓储成本——设备租金	5000	5000	—	—	—	—	—	—	—	—	—	直接计入
	内部成本（元）	仓储成本——土地、基地、设备折旧	0	—	—	—	—	—	—	—	—	—	—	
		仓储成本——折旧费	9500	4732	2184	2038	—	73	109	146	218	—	—	按出入库量合计分摊
		仓储成本——安全管理费	500	270	113	72	9	5	5	5	2	2	18	按仓储面积分摊
		仓储成本——保险费	500	270	113	72	9	5	5	5	2	2	18	按仓储面积分摊

续表

成本类型1	成本类型2	成本明细	成本合计	中粮食品	好丽友	中机联供	普凡生	龙联友联	图新经纬	福兰天成	珠心算	邦肯公关	公司摊销成本	备注
		成本小计（元）	220850	124383	50008	27800	2577	2105	2423	2802	2954	644	5153	
仓储收入		仓储收入——仓储租金（元）	139100	78000	32500	20800	2600	1300	1300	1300	650	650	—	
仓储收入		仓储收入——仓储管理费（元）	21400	12000	5000	3200	400	200	200	200	100	100	—	
仓储收入		仓储收入——仓储装卸费（元）	104400	52000	24000	22400	—	800	1200	1600	2400	—	—	
		收入合计（元）	264900	142000	61500	46400	3000	2300	2700	3100	3150	750	0	
税金		仓储税金（元）	7651	4290	1788	1144	143	72	72	72	36	36	—	
税金		增值其他税金（元）	6919	3520	1595	1408	22	55	77	99	138	6	—	
		成本合计（元）	235420	132193	53391	30352	2742	2231	2572	2972	3128	685	5153	
		毛利润（元）	29481	9807	8109	16048	258	69	128	128	22	65	−5153	
		毛利润率（%）	11.13	6.91	13.19	34.59	8.61	2.98	4.75	4.12	0.71	8.61	0.00	

【知识要点】

一、成本构成范例

凡是在仓储过程中使用的人力、物力和与仓储有关的花销都是仓储成本的一部分。通过分析这些人、财、物就可以清楚地勾勒出仓储成本的构架。我们一般情况下将它们按照内部成本和外部成本，或者变动成本和固定成本分类。表3-7给出一个范例供参考。

表3-7　　　　　　　　　　　　仓储成本构成范例

成本类型1	成本类型2	成本明细	备注
变动成本	外部成本	仓储成本——劳务装卸费	外协装卸费
	内部成本	仓储成本——低值易耗品	例如购买塑料绳的费用
		仓储成本——叉车油费	
		仓储成本——修理保养费	叉车、货架、仓库保养费用
		仓储成本——水费	
		仓储成本——电费	
		仓储成本——办公用品费	
		仓储成本——通信费	座机、手机
		仓储成本——交通费	
		仓储成本——邮寄费	
		仓储成本——差旅费	
		仓储成本——交际招待费	
人工成本	内部成本	人工成本	
固定成本	外部成本	仓储成本——仓库租金	外协租赁仓库
		仓储成本——设备租金	外协租赁设备，例如租赁的叉车
	内部成本	仓储成本——土地、基建、设备折旧	自建仓库
		仓储成本——折旧费	固定资产折旧
		仓储成本——安全管理费	消防安全等费用
		仓储成本——保险费	

成本类型1	成本类型2	成本明细	备注
税金	外部成本	仓储税金	
	外部成本	增值其他税金	

二、折旧

折旧，是指在固定资产使用寿命内，按照确定的方法对应计折旧额进行系统分摊，是对固定资产在使用过程中因损耗逐渐转移到新产品中去的那部分价值的一种补偿方式。

固定资产的物质形态在报废之前是在生产中长期被使用的，它的价值却是按照其在生产中的损耗程度逐渐地转移到产品中去的。为了保证再生产的正常继续进行，必须在产品销售以后，把那部分已经转移到新产品中去的固定资产的价值，以货币形式提取并积累起来，以便若干年后即在固定资产价值全部转移完毕时用于更新固定资产。这种按固定资产的损耗程度进行补偿的方法就称为折旧。

三、权责发生制

权责发生制，以权利和责任的发生来决定收入和费用归属期的一项原则。指凡是在本期内已经收到和已经发生或应当负担的一切费用，不论其款项是否收到或付出，都作为本期的收入和费用处理；反之，凡不属于本期的收入和费用，即使款项在本期收到或付出，也不应作为本期的收入和费用处理。

权责发生制属于会计要素确认计量方面的要求，它解决收入和费用何时予以确认及确认多少的问题。

四、固定成本

固定成本是指成本总额在一定时期和一定业务量范围内，不受业务量增减变动影响而能保持不变的成本。

进一步而言，固定成本总额只有在一定时期和一定业务量范围内才是固定的，这就是说固定成本的固定性是有条件的。这里所说的一定范围叫作相关范围。如业务量的变动超过这个范围，固定成本就会发生变动。

五、变动成市

变动成本与固定成本相反，变动成本是指那些成本的总发生额在相关范围内随着业务量的变动而呈线性变动的成本。直接人工、直接材料都是典型的变动成本，在一定期间内它们的发生总额随着业务量的增减而呈正比例变动，但单位产品的耗费则保持不变。

变动成本与固定成本一样，变动成本与业务量之间的线性依存关系也是有条件的，即有一定的适用区间，如图中的"相关范围"。也就是说，超出相关范围时，变动成本发生额可能呈非线性变动。

模块二 仓储管理 KPI 的设计

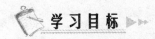 学习目标 ▶▶

应知	应会
1. 绩效与绩效管理的含义 2. KPI 的含义 3. KPI 设计的原则 4. 应用 KPI 进行评价的一般操作步骤 5. 反映仓储绩效的主要指标及其计算方法	1. 根据需要设计仓储 KPI 2. 搜集数据，计算主要仓储 KPI 的值并分析绩效状况

【背景导入】

分析易通物流北京、合肥、沈阳三个分公司的仓储管理绩效水平，确定仓库员工的提成奖金发放标准。

小讨论

观察一个仓库的运作，如图 3-1 所示。分析什么是仓储组织内部流程的输入呢？什么是仓储流程的输出呢？请举例说明。

输入：_____

输出：_____

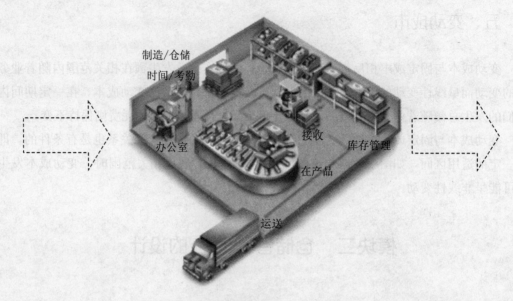

制造/仓储
时间/考勤
办公室
接收
库存管理
在产品
运送

图 3 - 1　易通物流某仓库运作流程示意

（1）什么是运作效率？

_____

人们希望的是高的运作效率，也就是说，单位输入量带来的输出是最大的。比如仓储空间的利用率，单位工时的出货量等。自然，这也就和仓储业务利益相关的每一个人产生了关系。比如对于投资方而言，自然是希望单位投资得到的回报越大越好，如单位仓库建设费用带来的仓储收入最大化。

（2）请分析不同利益相关方的绩效关心侧重点，填写表3-8。

表 3 - 8　　　　　仓储管理利益相关方的绩效关心侧重点

仓储管理的利益相关方	着重关心的绩效
……	……

在仓储成本核算模块中，我们提到易通物流在全国有 8 个分公司，我们抽取了其中三个分公司，分别是北京、合肥和沈阳。北京分公司共有 10 个客户，而合肥和沈阳分公司都只有中粮食品一个客户。北京分公司在前面的模块大家已经了解。

合肥分公司租赁仓库 4000 平方米，主要经营中粮在合肥的 RDC，辐射合肥市内及周边城市的配送，货物到达与发出均为公路运输。由于与中粮食品约定的合同面积为 3500

平方米，因此，有 500 平方米面积闲置，且没有找到合适的客户。货物部分托盘码放，部分落地码放；大部分货物机械作业出口，少部分靠人力装卸完成。

沈阳分公司为中粮提供驻厂服务，所用仓库 4000 平方米，但仓库租金和仓储资源均由中粮付费，易通物流只负责仓储管理和出入库作业。中粮食品支付易通物流一定的管理费用。由于为工厂服务，所有货物托盘码放，叉车作业，发货量较大，货物周转较快。

思考

中粮关心的是什么？易通物流关心的是什么？

2010 年 1 月三个分公司的仓储资源情况如表 3 - 9 所示。

表 3 - 9 易通物流三个分公司仓储资源情况

驻外机构		北京	合肥	沈阳
客户数量		10	1	1
仓储面积		11100	4000	4000
实际使用面积		10700	3500	4000
基本仓储资源	仓储人员	10	7	5
	叉车（台）	4	2	3
	地牛（台）	6	2	0
	托盘（个）	1200	2000	2500

易通物流在 2009 年对仓库的员工按照固定金额发放工资，员工对此感到不满，在 2009 年的年终总结中，多名员工提出要求按照"多劳多得，少劳少得"的原则发放工资。易通物流管理层对此也高度重视，经过公司研究决定为了提高员工工作积极性和工作效率，自 2010 年 1 月起仓库员工的工资按照基本工资＋提成奖金的形式发放，另外，易通物流将 2010 年作为"绩效管理"年，从 2010 年开始实行绩效考核。具体到仓储管理中，在全面掌握仓储成本和赢利的基础上，为了进一步提高仓储运作的效率，并全面反映出仓储运作的水平，公司将仓储绩效作为整体考核的一部分。并决定把北京、合肥、沈阳三个分公司作为试点。

思考与讨论

（1）职工奖金和什么相关呢？仓储绩效考核如何进行？两项工作是否矛盾？是否可以一并进行？

提示：员工的提成奖金不论采用何种方式发放，基本原则就是体现其付出的真实劳动。每个仓储员工的劳动之和就可以体现公司的仓储绩效。如果得到了公司的仓储绩效，将其分解到每个仓储运作的员工上便可得到员工个人的绩效。

（2）查阅相关资料，了解常用的仓储绩效考核的指标，考核指标的量化方式并将其归类后填入表3－10中。

表3－10   仓储绩效考核指标量化

赢利能力		
资源利用率	仓库资源利用率	
	仓储设备利用率	
	人力资源利用率	
	资金利用率	
客户服务质量	仓储作业的准确率	
	仓储作业的及时率	
	仓储作业的速度	
安全生产	安全培训及会议	
	安全检查与事故	
计划执行率		

（3）请思考所列指标之间的关系。例如，当某项指标升高或者降低时，成本、效率、准确性是否会有相应的改变的可能，趋向是什么？请在图3－2中画出。

图3－2 指标关系

（4）不同层级，不同部门的绩效指标往往一致吗？如果不一致，如何解决？

_____

易通物流不在仓储管理中追求高赢利，但对资源利用率、客户服务质量、安全生产方面的要求较高，形成了如表3－11所示的指标和权重。

表 3-11 易通物流仓储绩效考核指标及其权重

考核大类	考核指标	指标说明	权重	标准	
赢利能力	毛利润率	=毛利润/收入合计	10分	10%	
资源利用率	仓容利用率	=实际使用面积/总面积	10分	95%	
	人均工作量	=月出入库量合计/人数	10分	1500	吨/月
	人均毛利润	=毛利润/人数	10分	3100	元/人
	库存周转次数	=月出库量合计/平均库存	10分	1.5	次/月
客户服务质量	仓库盘亏金额	=仓库盈亏相抵后的仓库损失金额	15分	0	元/月
	出入库速率	=月出入库量合计/工作时间	15分	25	吨/小时
安全生产	安全培训及会议	=安全培训和例会的次数	20分	4	次/月

从表 3-11 可以看出，赢利能力只占 10% 的比重，资源利用率占 40% 的比重，客户服务质量占 30%，安全生产占 20%。

搜集 KPI 指标所需的基本数据。易通物流根据以上选定的考核指标，列出计算考核指标所需的基础数据。这些数据需要在日常的仓储运作中记录下来，如表 3-12 所示。

表 3-12 考核指标基础数据

驻外机构	北京	合肥	沈阳
仓库面积（平方米）	11100	4000	4000
使用面积（平方米）	10700	3500	4000
仓库人数	10	7	5
收入合计（元）	264900	90000	87500
成本合计（元）	235417	85500	70000
毛利润（元）	29483	4500	17500
毛利润率（%）	11.13	5	20
平均库存（吨）	4440	1600	1680
月出入库量合计（吨）	13050	4000	9000
月出库量合计（吨）	7300	2200	4800
安全培训及会议（次）	4	5	2
工作时间（小时）	16	8	10
仓库盘亏金额（元）	240	0	400

请根据以上数据计算出北京、合肥、沈阳分公司的各项指标的值，填入表 3-13（自己设计表的内容）。

表 3－13　　　　　　　　　　　　　易通物流分公司考核指标值

制订各项计分规则，并计算出各分公司的得分。

重要提示

在上面的环节中，我们可以得出各分公司的各项考核指标的值，这仍然不是最后的结果。因为我们要比较的是三个分公司之间的相对情况，因此只有将三个分公司分别与标准值比较后，才能看出三个分公司之间好坏。

所谓计分规则就是指当被考核指标高于或者低于标准值时，如何加分或者减分，衡量的尺度有多大？表 3－14 给出参考的计分规则。请大家据此计算出各分公司的得分。

表 3－14　　　　　　　　　　　　　考核指标值计分规则

考核大类	考核指标	权重	标准		计分规则
赢利能力	毛利润率	10	10%		每超 1% 加 1 分，每低 1% 减 1 分
资源利用率	仓容利用率	10	95%		每超 1% 加 1 分，每低 1% 减 1 分
	人均工作量	10	1500	吨/月	每超 200 吨，加 1 分，每低 200 吨减 1 分
	人均毛利润	10	3100	元/人	每超 200 元加 1 分，每低 200 元减 1 分
	库存周转次数	10	1.5	次/月	每超 0.15 次加 1 分，每低 0.15 次减 1 分
客户服务质量	仓库盘亏金额	15	0	元/月	每低 20 元加 1 分，每超 20 元减 1 分
	出入库速率	15	25	吨/小时	每超 2 吨加 1 分，每低 2 吨减 1 分
安全生产	安全培训及会议	20	4	次/月	每超 1 次加 5 分，每低 1 次减 5 分
合计		100			

思考与讨论

（1）公司得分：＿＿＿＿＿＿＿＿

（2）作为员工，关心的是绩效和工资之间的关系，那么，个人提成如何计算呢？

（3）仓储作业中指标如何能真实反映出员工的劳动量？选取指标后再思考，如果选取的考核指标为反映某个仓库运作的指标，怎样分摊到个人？在平时的仓储运作中，应该记录下哪些数据？并提出你的建议。

重要提示

员工的奖金提成要真实反映工作量。劳动时间、劳动强度、劳动条件、劳动工具等都是应该考虑的内容。

【知识要点】

一、何为绩效、绩效管理

绩效，在管理学中的定义就是组织目标的完成情况，它是基于投入的资源来衡量针对目标的完成质量、数量、效率等产出。绩效管理则是指管理者和员工为了达到组织目标共同参与的绩效计划制订、绩效辅导沟通、绩效考核评价、绩效结果应用、绩效目标提升的持续循环过程，绩效管理的目的是持续提升个人、部门和整个组织的绩效。

前面的章节讨论过仓储管理的目标是对成本与服务水平（质量）的权衡，成本目标中包含对低耗用、高效率的追求，质量目标中包含对及时性、准确性、安全性的追求。仓储机构对该目标的实现情况不仅是管理者所关注的核心点，也因其会影响个人回报及发展而应为全体员工所关心。因而，绩效包括组织层面和个人层面，两个层面相互制约、相辅相成。首先组织绩效的实现很大程度上建立在个人绩效实现的基础上，个人绩效的发挥又有赖于组织整体绩效。组织绩效计划往往会层层分解到部门，再到个人，这时每个人都完成个人绩效计划就会实现组织绩效计划。物质奖励也易于依据部门及个人绩效实现情况来进行分配。于是，就要求组织进行合理的绩效计划制订、辅导沟通、绩效考核与应用反馈，以便实现个人和组织绩效的持续提升。

二、何为关键绩效指标（KPI）

关键绩效指标（Key Performance Indicator，KPI）是通过对组织内部流程的输入端、输出端的关键参数进行设置、取样、计算、分析，衡量流程绩效的一种目标式量化管理指标，是把企业的战略目标分解为可操作的工作目标的工具，是企业绩效管理的一种重要工具。KPI是用于衡量组织绩效表现的量化指标，以此为基础，更容易层层分解到部门和个人，使员工及各级管理者明确主要责任和目标。应用KPI工具进行绩效管理是多数企业的选择，绩效计划制订阶段的重要工作就是设计 KPI 并逐步建立科学的 KPI 体系，辅助沟通阶段则需使各层次员工明确 KPI 的内容及要求，再通过对一段时间工作信息的记录，计算 KPI 值，对个人、部门和整个组织进行 KPI 考核，应用考核结果进行问题改进、奖励分配等，并进一步启动新的绩效管理循环过程。

建立明确的切实可行的 KPI 体系，是做好绩效管理的第一步。

KPI 体系需上下认同，如图 3-3 所示：

（1）KPI 制定过程由上级与员工共同参与完成，是双方所达成的一致意见的体现；

（2）KPI 的制定有力地推动公司战略在各单位各部门得以执行；

（3）KPI 确保各层各类人员努力方向的一致性；

（4）KPI 为绩效管理提供了透明、客观、可衡量的基础；

（5）KPI 帮助各职位员工集中精力处理对公司战略有最大驱动力的方面；

（6）通过定期计算和回顾 KPI 执行结果，管理人员能清晰了解经营领域中的关键绩效参数，并及时诊断存在的问题，采取行动予以改进。

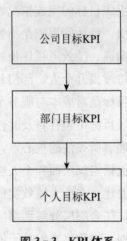

图 3-3　KPI 体系

三、KPI 评价的一般操作步骤

先举一个浅显的例子，比如对一个学生进行评价。某男生身高 1.85 米，学习成绩均分 90。我们会评价他为"个儿高，学习成绩好"。在这个过程中，我们首先选择了身高和学习成绩作为评价指标，其次对于一般男生而言平均身高为 1.75 米，平均成绩为 70 分，因此，1.75 米和 70 分就成为了评价的标准。通过测量身高和查询平均成绩知道了某男生的具体情况为 1.75 米和 90 分，在与标准比较后得出了评价"个儿高，学习成绩好"。根据以上例子可以总结出 KPI 评价的一般步骤。

(1) 根据绩效评价的目的选择评价指标，确定量化方法，有时还需给各指标分配权重。

从整个仓储机构建立 KPI 体系来说，绩效评价的目的就是为了衡量仓储管理目标的完成情况，指标的选取应涵盖全面，包括经济与质量两大权衡方面的成本、效率、准确、及时、安全等指标。而有时，阶段性的绩效评价可能侧重某个方面，如仅考察效率和安全性，这时就需要从 KPI 体系中筛选出合适的指标。

指标选定后还需明确其计算或量化的方法，可能采用计算公式，如及时出库比率即评价期内及时出库的单数与总出库单数的比，也可能采用其他量化方式，如安全性指标可用评价期内发生安全事故的次数来衡量，客户满意度可用评价期内客户投诉的次数来衡量。

若为了一个评价目的需选择多项 KPI，最终希望得到一个总评分，则需要明确各项指标对总评分的影响程度，影响程度越大权重越高。赋权的方法很多，可以根据需要灵活采用。如一般常用的是将 100 分在各项指标中进行分配，如有四项指标，影响程度从大到小各赋予 40、30、20、10 的权重数，总权重数相加为 100。

(2) 确定所选指标值的一般标准。

如何判断某项指标值反映得是绩效好还是差，设定指标值一般标准就是一个判断依据。对于仓储机构而言，反映服务质量的指标值标准应参照其服务对象（如货主、客户、生产或销售部门）的要求进行设定，如客户要求及时出库的比率不低于 95%，那么仓储机构对该指标值一般标准的界定就不会低于 95%；反映经济性的指标值标准，如效率指标、成本指标、效益指标等，应根据仓储机构内部管理目标的要求结合实际运营情况进行设定，不宜过高或过低。标准过高难于实现容易打击员工，标准过低太易实现又不利于组织目标的完成和员工激励。

(3) 将 KPI 指标及其标准向机构内各层级员工公开或解读。

对于仓储机构常规的绩效管理而言，其各层级员工均应明确 KPI 体系的要求，即便是阶段性、有侧重的绩效评价，一般也会提前告知相关部门或员工，以便其按预期要求提升绩效水平，毕竟 KPI 评价只是促进绩效提升的管理手段而非目的。

(4) 计算绩效评价对象的指标值。

绩效评价的对象可能针对各个层次，如员工个人、某个部门、某个分公司或整个组织。其前提是对评价期内指标计算所需基础数据的记录、整理和统计，然后代入公式计算或用其他量化方法得出指标值。

(5) 比较计算得出的指标值与设定的一般标准，有时需制定该指标相对于标准的得分规则。

直接得到的指标值经与该指标值的一般标准对比，即可判断该指标所反映的绩效表现是好是坏，有时需进一步对好与坏的程度进行打分，以便将得分值相加而得到最终评分，这时就需要制定得分的规则。如及时出库比率的标准值是 95%，实际得分若低于 80% 得 0 分，80%～90% 得 1 分，90%～95% 得 2 分，95%～97% 得 3 分，97%～99% 得 4 分，

99%以上得 5 分。制定得分规则的方法很多，可以灵活运用。

（6）考虑权重，计算总评分，对比分析。

各项指标的得分值乘以各自权重数后再相加可以得到总评分，若得分值的大小已经考虑了权重，则可直接相加。计算总评分往往是为了便于将各个员工、各个部门或分公司的绩效水平进行横向对比，或针对某个评价对象在若干评价期的绩效水平进行纵向对比。这种对比往往是奖励分配的依据，也有利于通过对比发现问题、分析问题和进行改进。

四、仓储管理 KPI 的设计

（一）KPI 选取和设计的一般原则

仍以上例来说，身高和学习成绩不能成为评价某男生的全部标准，根据不同的情况还可以选择更多的标准，比如思想道德、兴趣爱好、诚信度、体育成绩、发明创造等。根据不同的目的选择不同的评价标准。如果是评价三好学生，则要以思想道德、学习成绩、体育成绩作为标准，如果是评价创新精神，则要选择动手能力、发明创造的数量作为标准。同时还要注意所选标准是否利于与别人比较，是否利于量化。因此仓储绩效考核指标设定具有如下原则，如图 3-4 所示。

图 3-4　绩效考核指标

（二）仓储管理 KPI 的具体选取

根据仓储管理的目标，全面反映仓储绩效的 KPI 体系应涵盖经济性和质量两方面的指标。其中经济性指标主要衡量成本、收益、效率、资源利用率等，质量指标主要衡量服务效果是否满足客户要求，如及时、准确、安全等。当然，服务质量的高低最终也会反映到经济收益上，因而也可将仓储机构的财务绩效作为最高层级的指标。

1. 反映仓储服务质量的指标

（1）收发差错率或收发正确率。收发差错率是以收发货所发生差错的累计次数占收发货总次数的百分比来计算，此项指标反映仓储部门收、发货的准确程度，计算公式如下：

$$收发差错率 = \frac{收发差错累次数}{储存货物总次数} \times 100\%$$

$$收发正确率 = 1 - 收发差错率$$

收发差错包括因验收不严、责任心不强而造成的错收、错发，不包括丢失、被盗等因素造成的差错，这是仓储管理的重要质量指标。通常情况下，仓储部的收发货差错率应控制在 0.005% 的范围内。而对于一些单位价值高的物品或具有特别意义的物品，客户将会要求仓储部的收发正确率保证是 100%，否则将根据合同予以索赔。

（2）业务赔偿费率。业务赔偿费率是以仓储部在计划期内发生的业务赔罚金额占同期业务总收入的百分比来计算，此项指标反映仓储部门履行仓储合同的质量，计算公司如下：

$$业务赔偿费率 = \frac{业务赔偿总额}{业务总收入} \times 100\%$$

业务赔偿费总额是指在入库、保管、出库阶段，由于管理不严、措施不当而造成库存物损坏或丢失所支付的赔款和罚款，以及为延误时间等所支付的罚款，意外灾害造成的损失不计。业务总收入指计划期内仓储部门为客户提供仓储业务所收取的费用之和。

（3）货物损耗率或残损率。货物损耗率是指保管期中，货物因自身特性或保管不善发生自然减量的百分比；货物残损率指保管期内因操作或保管不当发生过期、丢失或损坏的百分比。此项指标反映仓库保管和维护的质量水平，计算公式如下：

$$物资损耗率 = \frac{货物损耗/残损量（或价值）}{期内货物保管总量（或价值）} \times 100\%$$

货物损耗率指标主要用于易挥发、易流失、易破碎的物品，仓库与货主根据物品的性质在仓库合同中规定一个相应的损耗上限。若实际损耗率高于合同中规定的损耗率，则说明管理不善，因而影响顾客的满意，对于超限损失部分，仓库要给予赔付；反之，则说明仓库管理更有成效。货物残损率则适用于大多数普通货物，因仓库管理原因造成的残损，仓储机构需予以赔偿。

（4）账实相符率。账实相符率是指在进行货物盘点时，仓库保管的货物账面上的结存数与库存实有数量的相互符合程度。有时也直接用盘盈比率和盘亏比率来衡量。计算公式如下：

$$账实相符率 = \frac{账实相符件数（或金额）}{期内储存总件数（或金额）} \times 100\%$$

通过这项指标的考核，可以衡量仓库账面货物的真实程度，反映保管工作的完成质量和管理水平，这是避免货物损失的重要手段。

（5）及时验收率或及时出库率。及时验收率和及时出库率表明仓库按照规定时限执行验收入库或出库发运的情况，计算公式如下：

$$及时验收率 = \frac{及时验收（或出库）单数}{期内入库（或出库）总单数} \times 100\%$$

（6）安全事故次数。安全事故次数反映仓库安全操作的情况，衡量仓库安全管理的水平和操作质量。

2. 反映资源利用情况的指标

（1）仓库利用率。仓库利用率主要反映仓库的利用情况，包括仓库面积利用率和仓库容积利用率。

$$仓库面积（容积）利用率 = \frac{报告期实际占用面/容积}{报告期仓库总面/容积} \times 100\%$$

（2）设备利用率。设备利用率主要反映叉车、地牛等设备的充分利用程度，包括设备能力利用率和设备时间利用率。

$$设备能力利用率 = \frac{实际载荷量}{技术特征规定的载荷量} \times 100\%$$

$$设备时间利用率 = \frac{设备实际作业时数}{总作业时数} \times 100\%$$

（3）人员作业时间或作业效率。这是衡量仓库作业人员的工作效率或人员利用率的指标，包括平均收/发货作业时间、单位时间收/发货作业量、日均工作时间等。

$$平均收/发货作业时间 = \frac{收/发货总时间}{收/发货总笔数} \times 100\%$$

$$单位时间收/发货作业量 = \frac{收/发货总作业量}{收/发货总作业时间} \times 100\%$$

（4）存货周转次数。指年发货总量与年平均储存量比值。库存周转次数越多，表明仓储企业的效率与效益越高，也表明货主企业的资金周转越快、资金使用成本越低。

$$存货周转次数 = \frac{年总发货量}{年平均储存量}$$

3. 反映仓库经营总量的指标

（1）仓储总收入。指仓储机构提供的服务所带来的营业收入，反映仓储收益的规模。

（2）仓库吞吐量。吞吐量，是指仓库的吞量与吐量之和，单位是吨/期。它反映了仓储的工作量和周转量，还反映仓库的规模，也反映仓库的劳动强度。吞吐量越大，说明仓库的规模越大、周转量大、工作量大、劳动强度高。吞吐量要靠仓库的装卸能力、仓储面积来支持。

$$吞吐量 = 总入库量 + 总出库量$$

（3）库存量。所谓库存量，是指仓库中库存商品的数量，有即时库存量、平均库存量和现有库存量之分。

即时库存量是指某一时刻的库存量，即某一时刻仓库当中实际存放的商品的数量。由于仓库的商品随时都在进出，所以库存量在随时间发生变化，因而即时库存量是时间变化的函数。

平均库存量是一段时间（如一个月、一个季度、一年）中平均的库存量。

$$月平均库存量＝（月初库存量＋月末库存量）/2$$

$$年平均库存量＝各月平均库存量之和/12$$

现有库存量就是现在的库存余额，就是现在仓库中还存放着多少商品。库存余额按下式计算：

$$本期余额＝上期余额＋本期入库量－本期出库量$$

4. 反映仓储成本的指标

（1）平均仓储成本。指一定时间内平均仓储一吨商品所需支出的成本额，常以年度或月度为计算时期。该指标的计算单位为元/吨。

$$平均仓储成本＝\frac{商品仓储成本}{平均存储量}$$

（2）仓储收入成本率。指一定时期内商品仓储收入中成本支出所占的比率。

$$仓储收入成本率＝\frac{商品仓储收入}{仓储成本费用}\times100\%$$

5. 反映仓储服务赢利水平的指标

（1）仓储收入利润率。收入利润率是指仓储机构在一定时期内实现的利润总额占营业收入的比率。

$$仓储收入利润率＝\frac{仓储利润总额}{仓储营业收入}\times100\%$$

该指标可以分析仓储企业营业收入和利润之间的关系，它受储存商品的费率、储存商品结构、储存单位成本等因素的影响。

（2）仓储净资产收益率。指净利润与平均所有者权益（净资产）的百分比，是公司税后利润除以净资产得到的百分比率，用以衡量公司运用自有资本的效率。

$$净资产收益率＝\frac{净利润}{平均所有者权益}\times100\%$$

KPI指标的选取根据其考核侧重点不一而同，且可用的指标非常多样，上文也未能穷举，应根据需要灵活选用或另行设计。

小资料

（1）某物流公司仓储管理中常用的绩效指标：

库存准确率：（盘点总项数－盘点误差项数）/盘点总项数×100%

场地利用率：仓库货物实际占用面积/仓库总面积×100%

拣料差错率：拣料差错项数/拣料总项数×100%

库存周转率：库存已使用数量/库存总数量×100%

收货及时率：收货订单及时完成数/订单总数×100%

发货及时率：发货订单及时完成数/发货订单总数×100%

仓储吞吐量：总入库量＋总出库量

（2）某甲方（货主企业）对其第三方物流供应商的仓储服务考核，如表3-15所示。

表3-15　　　　　　　　　　　　仓储服务考核表

考核	考核项目	考核内容及评分标准	权重	得分	评分说明
库存管理	账实相符率	盘点的库存数＝账务的库存数，通过抽盘、月盘进行检验，物流公司原因出现一次不相符情况则此项不得分	15	—	—
	在库货物残损	正常签收的货物在保管过程中如果出现残损，每出现一件扣2分，此项可以为负分；对于整托盘收货，最迟五日内拆托验货，超过该期限发生的到货破损申诉将不予以处理，视为在库破损。发生在库破损视货物损坏程度按照破损索赔标准进行赔偿	10	—	—
	单据准确及时传递	收货后及时将接货及收货清单传真给××平台，最迟不超过2小时。库房发货清单第2天上午十点以前传递给××公司，每出现一次不符合要求的扣1分	10	—	—

考核	考核项目	考核内容及评分标准	权重	得分	评分说明
库存管理	先进现出的出库原则	对应批次先入库的物料先行出库，大单、零项、破损品以及指定单号或批次、序列号出库除外，当期考核中，每出现一次不符合要求的扣3分	15	—	—
	指定出库	大单、零项批次产品、特殊库存要按照采购订单号或者指定序列号等要求进行出库，每出现一次不符合要求的扣3分	5	—	—
	库房整洁度	地面、货品无灰尘，通过抽盘、月盘进行检验，出现一次不相符情况扣1分	5	—	—
	货位管理	摆放有序、堆码合理、标识明确、分类清晰，每出现一次不符合要求的扣2分	5	—	—
	拣货及备货及时准确性	库房拣货及备货操作及时准确，每出现一次不符合要求的扣2分	10	—	—
信息管理	报表传递	库存报表、序列号报表、入出库明细表、月度分摊费用表、转储周报等报表及时准确提报，不及时或不准确每出现一次扣2分	10	—	—
代收支票	送货收支票	保证代收支票准确无误，收款遇特殊情况能及时向××公司物流专员反馈，每出现一次不符合扣2分	5	—	—

考核	考核项目	考核内容及评分标准	权重	得分	评分说明
满意度	服务态度	基于接口人员工作配合度，突发事件解决能力，流程执行情况，供应商物流公司反馈等进行评价	10	—	—

得分小计

考核方案说明：

1. 每月以当月该物流供应商发生的物流费用的 20% 作为考核基金。

2. 仓储、运输考核单项分≥95 分不扣罚，考核单项分<95 分时，每降低 1 分需从当月单项考核基金中按比例扣除 1%。

得分评估：绩效分数≥95 分，优；85 分≤绩效分数<95 分，良；75 分≤绩效分数<85 分，一般；绩效分数<75 分，差。

（三）《仓储绩效指标体系》国家标准（GB/T 30331—2013）

《仓储绩效指标体系》国家标准（GB/T 30331—2013）的编制采用了五类、三级指标划分。根据仓储型物流企业的资本构成与业务模式，仓储绩效指标包括人力资源、仓库、机械、服务与财务五类指标，每类指标对应着相应的具体指标，共 15 项。每类指标之间既相对独立，又相互关联、相互影响。具体如表 3-16 所示。

表 3-16　　　　　　　　　　仓储绩效指标分类

类型	指标
人力资源	人均日分拣量
	人均日加工量
	人均小时订单录入量
	人均吞吐量
	人均仓储收入
仓库	仓库面积（容积、货位）利用率
	库存周转次数
	单位面积能耗
	单位面积产值

类型	指标
机械	机械化作业率
服务	加工包装率
	配送率
财务	收入利润率
	净资产收益率
	利润增长率

根据各项指标的属性和相互关系，仓储绩效指标分为三级指标，一级指标为仓储财务绩效指标，也是企业绩效管理追求的最终指标；二级指标是仓储管理绩效指标，是仓储企业针对企业人财物等各类资源的管理结果所得到的，管理绩效决定财务绩效，财务绩效反映管理绩效；三级指标是仓储作业绩效指标，仓储作业绩效是主要针对仓储作业、针对一线员工设立的绩效指标，作业绩效指标在一定程度上决定着管理绩效，企业管理绩效反映了员工作业绩效。三个级别指标上下关联、相互影响。具体如表 3-17 所示。

表 3-17　　　　　　　　　　仓储绩效指标分级

级别及名称	具体指标
一级：财务绩效	收入利润率
	净资产收益率
	人均仓储收入
	单位面积产值
	利润增长率
二级：管理绩效	仓库面积（容积、货位）利用率
	库存周转次数
	机械化作业率
	加工包装率
	配送率
	单位面积能耗
三级：作业绩效	人均日分拣量
	人均日加工量
	人均小时订单录入量
	人均吞吐量

【学习拓展】

HC 公司致力于 IP 技术与产品的研究、开发、生产、销售及服务，其核心业务侧重于研发和销售，物流作为其服务部门，HC 公司把仓储中心进行了外包。HC 公司仓储中心面积有 2.5 万平方米，分为三个管理部——成品管理部、原料管理部、逆向管理部。成品管理部主要职责为加工完成的成品在库管理、成品销售发货、理货及包装；原料管理部主要职责为原材料的接收送检、在库管理、生产发料及加工完成的半成品管理；逆向管理部主要职责为备件、原件、待处理品的在库管理和发货。仓库分平面库和立体库，立体库储位 2000 余个，平面库面积约 2 万平方米，货物品种达 9000 余种，仓储人员约 120 余人。并配有各种器械设备 310 余台，例如：窄巷道堆垛机、电动托盘车、平衡重叉车、堆垛机、全自动手持打包机、货架、扫描枪、PDA 等。

组织框架如图 3-5 所示。

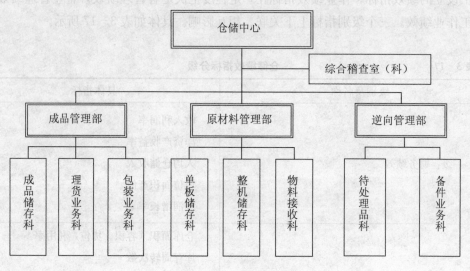

图 3-5 HC 公司组织框架

HC 公司对仓储外包商进行了严格的仓储 KPI 指标管理，根据每个部门的业务重要性及侧重点设计了不同的 KPI 指标考核，并对 KPI 的达成设立了预警值、目标值、挑战值，如果 KPI 实际值没有达到预警值则进行处罚；如果没有达到目标值，则必须提交整改报告；如果达到挑战值就进行奖励。如表 3-18 至表 3-20 所示。

表 3-18 原料管理部 KPI 明细

序号	指标名称	指标权重	预警值	目标值	挑战值
1	库存准确率（账、卡、物）（%）	25	99.00	99.50	100
2	物料接收及时完成率（%）	20	92	95	100
3	任务令分料及时完成率（%）	20	93	95	100
4	物流作业外部差错/投诉次数	15	1	0	0
5	物流作业内部差错/投诉率（%）	20	0.04	0.02	0.01

表 3-19 成品管理部 KPI 明细

序号	指标名称	指标权重	预警值	目标值	挑战值
1	库存准确率（账、卡、物）（%）	25	99.00	99.50	100
2	合同发货及时完成率（%）	30	95	98	100
3	物流作业差错率Ⅰ（外部投诉率）（%）	25	0.02	0.01	0.00
4	物流作业差错率Ⅱ（内部投诉率）（%）	20	0.80	0.60	0.40

表 3-20 逆向管理部 KPI 明细

序号	指标名称	指标权重	预警值	目标值	挑战值
1	备件原件库存准确率（%）	15	99.00	99.50	100.00
2	逆向/备件外部差错/投诉次数	20	0	1	0
3	客户原件物流处理周期（逆向）	20	3	2.5	2
4	故障品库存周转率（逆向）（%）	20	15	25	30
5	备件返回验收周期（逆向）	15	2.3	2	1.5
6	备件发货轻泡率（逆向）（%）	10	1.33	1.3	1.27

如果你作为 HC 公司外包仓储商管理人员，请你：

（1）设计如何保障 KPI 指标达成的方案。

（2）设计与各 KPI 指标相关的绩效考核细则。

（3）设计部门 KPI 指标公告栏。

小提示

需要考虑 HC 公司给外包仓储商设立 KPI 指标可行性分析，如何落实和拆分各项 KPI 指标。

需要用到的技能包括板报、公告栏的制定，统计、制表、绘图技能等。

模块三　基于 KPI 考核的仓储管理优化

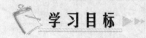 **学 习 目 标** ▶▶

应知	应会
1. 戴明循环的含义 2. KPI 分析的基本工具 3. 仓储绩效改进的措施	1. 应用 KPI 考核结果分析仓储绩效状况，找到有待优化的问题 2. 提出绩效改进建议

【背景导入】

优化北京分公司的仓储管理绩效。

易通物流公司北京分公司管理的中粮食品的 6000 平方米仓库，该仓库为中粮集团在北京的 RDC，负责北京及周边郊县的经销商和超市的配送。仓库存储中粮 40 个品种的货物。

北京 RDC 的货物由天津中粮工厂发出，公路运输至北京。负责运输的物流公司于前一天晚上知道第二天的发货计划，运输车辆于当天上午 8：30 开始可以在天津工厂装货，装货完毕后在正常情况下经 4 小时可运达北京仓。日均入库量为 5000 箱（3～5 车次）。运输车辆在工厂装货需要排队，从天津至北京的高速公路偶尔会因交通事故或者养护而影响通行能力，在冬季经常受到大雾影响。

北京 RDC 的日平均发货量 5000 箱，并由易通物流公司负责配送。其中，3000 箱配送经销商，2000 箱配送超市。易通物流公司于配送前一天接收到配送订单，根据与中粮食品的约定，24 小时内将货物配送完毕。为了能在次日完成配送，易通物流公司需要在接收订单当晚进行分拣配货等工作。经销商的最低起运量为 500 箱，超市的最低起运量为 20 箱。其发货量数据如表 3-21 所示。

表 3-21 易通物流北京 RDC 发货数据

日均送货点位	25
日均配送经销商点位	5
日均配送超市点位	20
日均单点送货数量（箱）	200
日均配送经销商数量（箱）	600
日均配送超市数量（箱）	100

易通物流公司为中粮食品北京 RDC 配置了 6 名仓储人员，其中，2 名员工在易通物流公司工作了 3 年，另外 4 名员工入职都不足半年，1~2 辆叉车，3~4 辆地牛，800 个托盘。目前，6 名仓储人员分为了 3 组，每组 2 人。其中，一组负责收货、一组负责发货、一组负责配货，但没有明确指定仓储负责人。仓库设有垛卡，但没有指定专人负责垛卡的核对。仓库没有建立库存表，而是另配置 1 名负责接收订单、制作库存报表、搜集回单的信息员。每月月底仓库人员盘库后将实际库存与信息员库存进行核对。

但在运作中遇到了如下问题：

（1）月底每次盘库，库存都存在差异。当发现差异后很难查找出原因，而且也无法追溯责任人。

（2）由于收货、发货、配货各两个人，无论哪个岗位一天的工作时间都在 12 个小时以上，工作时间长。但工作时间内工作断断续续，强度不大。人员很疲惫但不"出活"。当出现差异造成公司损失时，作为管理者看到员工平时每日每夜的工作，又不忍心做出处罚，很是为难。

（3）每个岗位只有两个人，别的岗位人员也紧张，且新人较多，新人往往只会自己岗位的工作，如果谁临时有事请假，项目运作有瘫痪的可能。

（4）由于仓库库存存在差异，影响到仓储绩效考核中的"人均毛利润"和"仓库盘亏金额"，仓库工作时间长，影响到仓储绩效考核的"出入库速率"。因此绩效考核成绩也较差。

1. 分析北京 RDC 问题的原因

北京 RDC 存在的问题应该说比较严重，在之前我们提到过仓储管理的三个目标：准确性、低成本和高效率。从北京 RDC 存在的问题看，三个方面都出了问题。请仔细阅读背景资料及以下参考资料，通过比较合肥中转仓、西安中转仓与北京 RDC，从中分析造成这些问题北京 RDC 现在问题的原因。

重要提示

从绩效指标表现入手，找到有待优化的问题，从组织结构、岗位设置、岗位职责、人员素质及能力、业务流程、奖惩机制等方面思考存在问题的原因和解决问题的思路。

参考资料1:

中粮食品合肥中转仓操作手册

一、概述

合肥中转仓主要业务为仓储管理，目前暂无运输业务。仓库到货为张家港东海工厂或广州增城东洲工厂发来，仓库所发出货物为客户自提。

二、仓储

（一）货物说明

仓储的主要货物为中粮旗下品牌的食用油、调味品及促销品。货物外包装为纸箱，内包装为塑料桶，部分调味品的内包装为玻璃瓶。

食用油的主要品牌为福临门、四海等。根据种类分为天然谷物调和油、花生油、花生多调和油、葵花籽油、玉米油、橄榄油、橄榄调和油、红花籽油、茶籽油、食用调和油、维A大豆油、一级大豆油、（三级）大豆油等，不同种类的油品其外包装颜色不同。根据规格分为900mL×12、1.8L×6、2.5L×6、4L×4、5L×4及促销装等，不同规格的油品箱子尺寸不同。根据产地分为转基因和非转基因。另有部分"特殊字样"用以区分，请特别注意。结合以上信息可以对应一个单品，每个单品对应一个唯一的物料编码。

调味品的主要品牌为福临门，主要产品为辣酱等。

货物另需特别注意批次。批次主要由生产工厂代码（A代表东海工厂，B代表东洲工厂）、生产年份、生产月份组成。例如"A0908"，表示东海工厂生产的2009年8月的货物。在货物的外包装上会有明显的生产日期，例如"2009-08-31"，如没有特殊说明一个月内的产品视为同一批次。

货物的保质期一般为18个月，以箱皮上的标注为准。一般情况下直供超市及卖场的货物不能超过有效期的1/3。

货物的计数单位为箱，不足一箱的按照小数点计数，保留3位。例如，10箱零2瓶2.5L×6的天然谷物调和油等于10.333箱。

（二）仓储要求

1. 仓库硬件要求

符合一般食品的存放条件，特别注意通风、防潮，避免箱皮受潮后发生倒垛。

2. 堆存要求

根据托盘码放和落地码放分两种情况。

托盘码放：每种规格的货物按照统一的码放形式堆存。大规格货物（4L及4L以上）

每托盘最多码放三层，上下可落两层。中规格货物（1L以上，4L以下）每托盘最多码放四层，上下可落两层。小规格货物（1L以下）每托盘最多码放六层，上下可落两层。避免货物被压坏。

落地码放：大规格货物（4L及4L以上）最多码放六层，第5层以上要压十字叉码放，保证货物不倒垛。中规格货物（1L以上，4L以下）最多码放七层。小规格货物（1L以下）每托盘最多码放八层。

（三）单据种类

1. 出库单据

中粮营销广州分公司出库单（传真件）：出库单由中粮营销广州分公司开具，是出库的唯一有效凭据。出库单上需有中粮广州分公司营运部人员签字及"出库专用章"，单据有效期为三天，使用80编号作为关联单号。在出库完成后于次日10：00前传真（或扫描发邮件）回中粮营销广州分公司。

提货委托书：与出库单结合使用，提货委托书上需注明提货人姓名、身份证号、车牌号、出库单号、提货品种和数量，并加盖提货经销商公章方有效。特别是委托书上写明的数量小于出库单时，委托书上必须写明品种和数量。委托书一车一份，不可重复使用。

易通物流公司合肥分公司出库单：合肥中转仓内部流转使用。

2. 入库单据

入库单：由司机随车带来，不同工厂的入库单格式可能不一样。入库完成后填写实际入库数量和批次，留存客户联（至少一联），并于次日10：00前传真（或扫描发邮件）回中粮营销广州分公司。

（四）出库流程

1. 出库流程

每日17：00点前，由中粮营销广州分公司将次日发货的"中粮营销广州分公司出库单"和"提货委托书"传真至合肥中转仓，双方电话确认。

提货人凭相同的"中粮营销广州分公司出库单"传真件和"提货委托书"原件提货。库管需要比对相关信息，信息吻合后方可出库。若信息不吻合，需与中粮营销广州分公司确认。

出库完成后，提货人在"中粮营销广州分公司出库单"上签字，并注明车牌号；库管在"中粮营销广州分公司出库单"上签字，并注明实际发货数量和批次。

将填写好实际发货数量和批次的"中粮营销广州分公司出库单"传真给中粮营销广州分公司。

将"中粮营销广州分公司出库单""提货委托书"及招商局安徽公司出库单装订留存以备查，并据此填制报表。

2. 出库注意事项

严格禁止无单出库，"中粮营销广州分公司出库单"和"提货委托书"两者缺一不可。

"中粮营销广州分公司出库单"有效期为 3 天，超过 3 天有效期，需要与中粮营销广州分公司电话联系以确认单据是否作废。如果确认作废，将实际发货数量填写在单据上，所欠货物不再出库。

一份"中粮营销广州分公司出库单"在有效期内可多次提货，但每次提货时必须出具对应车辆的委托书。每次出库后，将该次出库的数量、批次及出库日期标注在"中粮营销广州分公司出库单"上，无论该出库单上货物是否全部提完，发货次日（即日报表周期内）一定将出库单传真到中粮营销广州分公司。

原则上按照"先进先出"的原则出库。如果出库单上有特殊注明的事项（如批次），请按照注明事项发货。

（五）入库流程

1. 入库流程

中粮营销广州分公司电话通知合肥中转库到货信息。

货物到达仓库后，仓库根据司机出具的"入库单"上注明的货物信息进行验收入库，清点数量，核对品种、规格、批次。如果所到货物与入库单据上注明的品种、规格、批次不符，需要与中粮营销广州分公司确认。

入库完成后，由库管在"入库单"上标注实际收货数量和批次，并留存客户联。

入库完成当日，将入库数量填入日报中，"入库单"传真至中粮营销广州分公司。

2. 入库注意事项

入库时，一个单品若批次不同，需要分开码放。

入库时如有破损，视破损程度处理。如果拒收货物，整箱拒收，不收零瓶。并务必在"入库单"上注明"××箱破损未收"，按照实际入库数量签字。

入库货物为厂家到货，中转仓不接受经销商的退货。如果中粮营销广州分公司下达了退货单，仓库方可退货。

（六）盘点

1. 日盘

中转库每日进行一次盘点，并与库存账目核对。如有问题，及时查找处理。

2. 月末盘点

每月末，中粮营销广州分公司根据其系统终止时间确定月末盘点日期，盘点结束需要填写中粮提供的《月末盘点表》和《中粮食品营销有限公司—MM报表08—库存存期月报表》，签字确认后传真至中粮营销广州分公司。月末盘点非常重要，请引起足够重视。

（七）破损

由于仓库为汽运到货，故与中粮合同中约定的仓库破损率为零。货物入库后发生的破损一律由仓库承担。

在入库时发现破损视情况处理，以下给出常用的处理方式：

外包装轻微破损或油污，经开箱检查油品完好，原则上可以收货。

外包装严重破损或油污，油品完好（标签无油污），原则上可以收货，但需司机支付包装费用（4元/个），待日后工厂发货时购买。

外包装严重破损或油污，油品破损或油污（包括标签油污），原则上拒收货物。

外包装完好，无二次封箱痕迹，但发现内部油品短少，原则上拒收货物。

货物在储存一段时间后，如发现箱皮油污，应及时将破损货物找出，避免更多货物被油污，并检查破损原因。

三、报表

（一）报表种类

《合肥中转仓××月××日出入库明细统计表》：日报表。

《中粮食品营销有限公司—MM报表01—库存日报表》：日报表，格式会随单品增减而略有改变，注意与中粮营销广州分公司及时联系更新。日报中的数据以仓库实际发货数填写，不按下单数量填写。

《中粮食品营销有限公司—MM报表08—库存存期月报表》：月报表，格式会随单品增减而略有改变，注意与中粮营销广州分公司及时联系更新。

《月末盘点表》：月报表。

（二）报送要求

每日10：00前将《合肥中转仓××月××日出入库明细统计表》和《中粮食品营销有限公司—MM报表01—库存日报表》发邮件至中粮营销广州分公司，并抄送易通物流公司北京总部中粮项目负责人。所有与日报有关的上日出库及入库单据一并发传真至中粮营销广州分公司。

《中粮食品营销有限公司—MM报表08—库存存期月报表》和《月末盘点表》在月末盘点结束后发邮件至中粮营销广州分公司，抄送至并抄送易通物流公司北京总部中粮项目负责人。并将签字后的纸质文件传真至中粮营销广州分公司。

四、沟通

相关联系人及所负责的工作详细见附件。

参考资料2：

西安分公司仓储管理规定

一、岗位设置及岗责

（一）信息员

（1）负责仓储出库单、入库单的制作、打印、整理及归档存放。

（2）负责仓储财务账的登账记录、传递。对仓储财务账的账面数据负责。

（3）负责回单的整理、记录及传递。

（4）负责每日发货情况（市内配送和城间运输）的搜集、跟踪、记录、传递。

（5）负责与客户的账务查询、核对及调整；负责与客户的发货查询。

（二）库管

（1）负责货物的实际出库、入库。

（2）负责台账的登账记录。

（3）负责垛卡的填写。

（三）市内调度

二、仓储账务管理

货物存储由财务账、台账、垛卡分别记录。

（一）财务账

由信息员记录的电子账，记录的原始依据为中粮成都分公司开具的出库单及库房库管开具的入库单。记录的直接依据为信息员开具的易通物流出库单及入库单的"记账联"。财务账是易通物流与客户进行账务核对的账册，同时客户按照财务账账面库存确认库房是否有货可发，故按照客户下单的时间顺序进行记录，与客户的下单时间保持一致，不以库房发货的时间顺序记录。

财务账由《中粮营销西安工作量统计表》和《中粮营销西安库存日报表》组成（具体格式见附录）。《中粮营销西安工作量统计表》为发货明细的记录，易通单号及中粮成都分公司的出库单号均为必需的索引号；《中粮营销西安库存日报表》由《中粮营销西安工作量统计表》生成，日报表的数据不可随意更改，只有出入库单据及工作量统计表更改后方可修改日报表。

财务账分为正品油账和破损油账。破损油账指必须铁路到货的破损及卖场退回的破损。待换包装的油品属于正品油，但需要在备注中注明，且注明生产日期。破损油每月月初上报中粮营销成都分公司，月底处理完毕。待换箱皮每月月初上报中粮营销成都分公司，月底将箱皮更换完毕。

（二）台账

由库管记录的手工账，台账是库管根据实际发货顺序记录，当库房发生实际的出库及入库时以易通物流出库单及入库单的"仓库记账联"作为依据记录，不以客户的下单时间顺序记录。

台账的索引号为易通物流出库单及入库单的单号。

台账分为正品油账和破损油账。破损油账指必须铁路到货的破损及卖场退回的破损。待换包装的油品属于正品油，但需要在备注中注明，且注明生产日期。破损油每月月初上报中粮营销成都分公司，月底处理完毕。待换箱皮每月月初上报中粮营销成都分公司，月底将箱皮更换完毕。

（三）垛卡

由发货库管记录的垛位标示，与垛位上货物的实数保持一致。

（四）三者之间的区别及关系

财务账是信息员与客户核对库存的账册。记账顺序与客户下单时间一致，当核对出现差异时，以中粮成都分公司开具的出库单及库房库管开具的入库单作为原始依据查询，以易通物流出入库单作为辅助依据查询。与客户核对库存时，与台账、垛卡无关。当财务账与客户核对一致时，库房发生的缺货等异常时由我公司承担。

库管记录的台账是我司内部核对的账册，用于每日与信息员的财务账核对库存，以确保信息员的财务账与库房实际账存相符。当发生差异时，易通物流出库单及入库单是双方核对的依据。台账账存加未发货但已开具的出库单货物之和应与财务账相符。当核对一致时，说明库房实际账存与财务账相符，如实际货物与台账不符，责任由库管完全承担。

垛卡是库管自己核对库房实物的最基本依据。当垛卡记录数量与货物实物不符，责任一定由库管承担。

（五）记账要求

（1）出有凭、收有据。所有数据必须由原始的书面依据，具体规定见（一）至（三）。

（2）所有记录必须有唯一的索引标示，具体规定见（一）至（三）。

（六）对账及盘库时间

（1）每日下午4：30至5：00，信息员与库管核对财务账及台账。由信息员出具打印的财务账表，库管填写台账数据，如有差异，在备注标明原因。如"单已开，货未发"等。双方签字确认。

（2）每周四及周一，盘点库房实物。信息员与库管共同盘点库房实物。由信息员出具打印的财务账表，库管填写台账数据及库房实数，如有差异，在备注标明原因。双方签字确认。

（3）所有对账的盘库表由信息员按日期整理封存。

首先考虑在不增加人员的前提下是否可以通过改变人员分工及排班解决问题。分析仓库出库及入库的货量、到货及发货规律，以此得出工作集中的时间。通过与到货司机的沟通尽量准确掌握到货时间，提前安排工作，使工作安排更加有计划性。

将6名仓储人员分成2组，每组3人，分两班工作。每个班组中设立组长一人，3人不再仅仅只会一种作业，也不再具体细分出库、入库、分拣等工作，所有人员要接受针对仓储岗位职责的整体培训。

思考

请思考以上分组的利弊，是否可以解决部分问题。

2. 明确惩奖规则，对于库存差异严惩不贷

北京分公司的考核周期是月度考核，考核基数为满分100分。所属仓库所有人员工作量提成的平均值会成为其考核奖金的基数，奖金与工作量提成可单独核算。那么，奖金该如何计算呢？奖金等于考核奖金基数×（实际考核分数/考核分数基数）。库房工作人员的收入构成包括三部分：基本工资＋工作量提成＋工作量奖金（月度）。请思考并填写表3-22。

表3-22   北京分公司库房工作人员考核

考核指标	标准	权重	计分方式
合计		100分	—

考核指标参考

仓库盘亏金额：仓库盈亏相抵后的仓库损失金额，以每月底《盘库表》差异为依据。

仓库完美率：等于无差异品种数量/仓库品种总数量，以每月底《盘库表》差异为依据。

盘库表完整率：等于当月盘库表数量/当月工作天数。

单据完整率：账册/单据/垛卡/交接表的完整率，要求100%。

准确率投诉：以公司其他岗位书面投诉为依据，要求每月小于等于3次。

及时率投诉：以公司其他岗位书面投诉为依据，要求每月小于等于3次。

安全教育：每月对仓库设施进行安全隐患排查。安全教育例会每月一次，并形成会议纪要。

3. 建立完善的仓库管理体系

建立仓库的台账。分为两班后，在交接班时必须进行垛卡的核对，以及时发现货物与垛卡的差异。每日盘库，库管每日核对台账和实物，每周至少与信息员核对1次台账和财务账，及时发现问题。

一定要记得在取得效果后奖励员工的改变！

【知识要点】

一、管理优化的循环过程

绩效管理是一个循环过程，它借鉴了管理学的一个通用模型——戴明循环（又称 PDCA 循环、质量环），这里 P（Plan）是计划；D（Do）是实施；C（Check）是检查；A（Action）是处理。即按照"计划→实施→检查→处理→计划"这样的程序，不断循环，周而复始。最早在 1930 年美国质量统计控制之父休哈特（Walter A. Shewhart）提出 PDS（Plan Do See）的构想，1950 年美国质量管理专家戴明（Edwards Deming）将其改进为 PDCA 循环，用于产品质量的持续改进，以实现组织的质量目标。

（一）PDCA 的四个阶段

第一阶段，计划阶段（P），就是通过对仓储管理的现状了解和掌握，制定管理目标和关键绩效指标，以及达到这些目标的具体措施和方法；

第二阶段，实施阶段（D），就是将制订的计划和措施，具体组织和实施；

第三阶段，检查阶段（C），就是检查计划的执行情况，并将执行结果与事先制定的目标进行对比，发现问题；

第四阶段，处理阶段（A），就是对检查得到的计划执行结果及问题进行处理和总结。

（二）PDCA 循环的特点

1. 周而复始

PDCA 循环的四个过程不是运行一次就完结，而是周而复始地进行。一个循环结束了，解决了一部分问题，可能还有问题没有解决，或者又出现了新的问题，再进行下一个

PDCA 循环，依此类推。

2. 大环带小环

PDCA 的管理优化循环可应用于公司或组织的整体，也会带动其内部各个部门或项目等子系统的循环改进。类似行星轮系，一个公司或组织的整体运行的体系与其内部各子体系的关系，是大环带小环的有机逻辑组合体。

3. 阶梯式上升

PDCA 循环不是停留在一个水平上的循环，不断解决问题的过程就是水平逐步上升的过程，也是管理功能不断强化的过程。

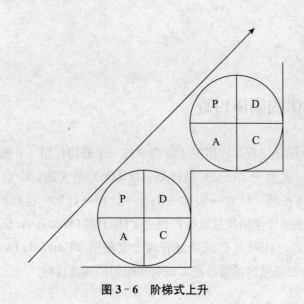

图 3-6 阶梯式上升

4. 统计的工具

PDCA 循环应用了科学的统计观念和处理方法。作为推动工作、发现问题和解决问题的有效工具，典型的模式被称为"八个步骤"。

分析现状，发现问题；

分析问题中各种影响因素；

分析影响问题的主要原因；

针对主要原因，采取解决的措施；

为什么要制定这个措施？达到什么目标？在何处执行？由谁负责完成？什么时间完成？怎样执行？

执行，按措施计划的要求去做；

检查，把执行结果与要求达到的目标进行对比；

标准化，把成功的经验总结出来，制定相应的标准；

把没有解决或新出现的问题转入下一个 PDCA 循环中去解决。

同时，PDCA 循环还体现了管理工作的全面性和广泛性，每一个环节都可以延伸到每一部门、每一人员。整个管理螺旋上升的过程，也需要全员参与、群策群力来实现持续优化、持续创新。

二、绩效管理的基本工具

（一）关键绩效指标（KPI）

KPI 是用来衡量绩效表现的具体量化指标，是对目标完成程度最直接的衡量依据。关键绩效指标的制定是自上而下、层层分解的。制定 KPI 的主要目的是明确关键目标和关键管理内容，及时考察绩效状况和问题，及时采取提高绩效水平的改进措施。在选取了合理的 KPI 和正确计算指标值后需进行指标分析，这时应注意指标间的可比性及分析的全面性。指标分析的具体方法如下：

1. 对比分析法

对比分析是最常用的指标分析方法，包括纵向动态对比分析、横向类比分析、计划完成情况对比分析等，是寻找差距和发现问题的最普遍方法。

纵向动态对比分析是将同类指标在不同时期的表现进行对比，如本期仓储利润率与上年同期对比、与上期对比、与历史平均水平对比、与历史最高水平对比等，这可以发现变化趋势，多期对比记录还可反映变化速度。

横向类比对比是将同一时期同类指标表现不同对象上的指标值进行对比，如不同项目客户带来的仓储利润率对比、某一项目客户的仓储利润率与同期平均水平的对比、同岗位员工的同期作业量对比等，这有助于判断不同对象间的差距，有助于划分重要度或贡献度。

计划完成情况对比分析是将同类指标实际表现与计划表现进行对比，反映目标达成度，这对于实施目标管理的机构经常采用，往往与奖惩机制挂钩。

2. 因素分析法

因素分析法用来分析影响指标变化的各个因素及其影响程度。往往分析一个因素的影响程度时会假定其他因素均不变，从而得到各项因素的影响程度大小排序，以便找到主要影响因素。

3. 结构对比分析

结构分析是将总体划分为几个不同性质的部分，用部分数值与总体数值的比来反映内部构成的情况，一般用百分比表示。如货物损失总量为 100 件，由操作失误造成的 10 件，由自然损耗造成的 40 件，由丢失造成的 10 件，由错误收发造成的 40 件，则其各占比例为 10％、40％、10％、40％，因而主要造成货物损失的原因是自然损耗与错误收发，这两项应是绩效改进的重点。

（二）平衡计分卡（Balance Score Card，BSC）

平衡计分卡是一种战略绩效管理工具，设计平衡计分卡的目的就是要建立"实现战略制导"的绩效管理系统。其设计包括四个方面：财务角度、顾客角度、内部经营流程、学习和成长，涵盖企业核心利益三方——股东、顾客、员工的角度，使这三方的利益与公司战略目标相一致。

1. 财务角度

财务业绩是传统的绩效评价项目，赢利始终是公司的核心诉求，因而财务目标通常与获利能力有关，其衡量指标主要有营业收入、资本报酬率、经济增加值等。

2. 客户角度

客户角度的指标通常包括客户满意度、客户保持率、客户获得率、客户赢利率以及在目标市场中所占的份额。

3. 内部经营流程角度

管理者要确认组织的关键内部流程，这些流程帮助企业高效率、高效果的完成客户服务，以吸引和留住客户，继而实现财务回报。

4. 学习与成长角度

企业战略目标归根结底需要员工去实现，人力资源是企业持续成长和改善的关键因素。为了弥补员工的能力差距，企业必须投资于员工成长，使其跟上、甚至带动企业的成长。主要指标有员工满意度、员工保持率、员工培训和技能等，以及这些指标的驱动因素。

平衡计分卡的设计考虑了财务与非财务衡量方法之间的平衡，长期目标与短期目标之间的平衡，外部和内部的平衡，结果和过程的平衡，管理业绩和经营业绩的平衡等多个方面。所以能反映组织综合经营状况，使业绩评价趋于平衡和完善，利于组织长期发展。

为了保证企业战略得到有效的执行，这套体系包括战略地图、平衡计分卡以及个人计分卡、指标卡、行动方案、绩效考核量表。在直观的图表及职能卡片的展示下，抽象而概括性的部门职责、工作任务与承接关系等，力求各层级的目标、任务、行动方案和考核标准量化清晰、简单明了、易于执行。

三、仓储绩效改进的措施

仓储绩效改进的措施首先应基于问题与原因分析，抓住主要问题和主要影响因素来进行改善。总体来说，绩效改善应从仓储管理的主要管理对象入手，包括货物、资源（含人员、设备等)、业务流程等。

货物是仓储活动的最主要对象,是存储的单元,针对货物管理的改善主要解决货损率高、盘点准确率低、存货周转慢等问题,主要改善措施应从提升对货物属性的认识入手,包括改善保管条件、改良货物标识、调整货物分类分区等方面。

资源是仓储机构整合利用以完成主营业务的内外部要素,易发生的主要问题是资源利用率低、成本高等。针对资源管理的改善措施应以提升生产效率和利用率、降低获取资源的成本为目标。人员的生产效率提升一方面受员工态度和能力的影响,态度可以通过企业文化宣贯、奖惩机制等改善,能力可以通过技能培训来提升;另一方面人员生产效率与人员的组织方式极为相关,假若人员组织架构不清晰、岗位职责不明确则必然造成效率低下,在需要分工合作的工作中表现愈加明显。人员工时利用率则受作业计划编制、作业班组编排等因素影响。不可忽视的是,有时作业流程的设计也会影响人员生产效率和利用率。设备生产效率首先受其设计能力的制约,其次则与使用设备的人有关,人员使用设备的态度和熟练度都影响设备生产效率。而设备利用率则同样受作业计划编制的影响。对于资源获取成本的节约首先受市场行情的影响,这不是企业管理能解决的问题,但是多种资源购买或整合渠道的比价则有助于企业获取相对性价比高的资源。

业务流程是人员作业的序化表现,业务流程清晰与否直接影响着人员之间的分工合作及个人工作环节的连续性,影响着人员责权利的明确界定。倘若业务流程不清晰,要么各岗位人员各自为政、协作不善,要么各岗位人员交叉作业、重复劳动,均不利于高效率、高效果的工作。因而企业往往重视业务流程的制定,力求实现流程标准化。业务流程设计缺陷会影响效率、成本、质量、安全等全方位的绩效表现,对其改善的措施首先应检验业务流程的连续性和线条性,业务流程必须能支持完成仓储机构的主要业务,具体业务流程必须是连续的,中间不能出现断裂,即有某个作业环节无人负责;具体业务流程还必须是线条性的,同一个环节不能有多重责权利存在。在此基础上,结合岗位职责划分调整各个作业环节的责任归属,明确各个作业环节的操作规范。

项目四　仓库的安全管理

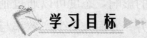

学习目标 ▶▶

应知	应会
1. 人身安全的内容与防范方法 2. 货物安全的内容与防范方法 3. 设备、消防安全操作的关键安全点	1. 描述仓储运作过程中的涉及人身安全的关键操作点 2. 描述仓储作业过程中的涉及的货物安全及关键操作点 3. 制定安全现场检查清单

【背景导入】

易通物流作为一家专业的第三方物流企业，对于仓库安全管理执行严格的管理规范。并且，针对不同的安全内容进行必要的演练，不断提高安全防控的水平，争取将安全意识灌输到每个员工心中。

小讨论

（1）安全中第一重要的是人身安全，那么，在仓库作业环境里会有什么样的人身安全隐患，应如何避免呢？

（2）图 4-1 中的四种情况可能发生什么样的人身安全事故？

安全载货，不能超载

检查是否超载，一定要按照叉车的额定载重量，进行装卸工作，在叉车装卸货物之前，要确认货物的重量，中心位置。安全驾驶的第一条，在于了解叉车的能力，应严格遵守

起步前，要观察四周

起步前，一定要确认您要行驶的方向，了解行驶方向的路面无障碍，无行人，方可提速

严禁将头手伸入门架间

即使捆扎得货物松散，也不能贸然把手伸入门架之间，一时的疏忽可能造成很大的危害

叉车行驶一定要保持车辆之间距离

为了在任何状态下，都能安全停车，一定要保持车辆之间的安全距离

图4-1 使用叉车安全宣传图例

资料来源：昵图网

（3）仓库作业环境下会存在什么样的货物安全隐患，应如何避免？

（4）注意识别商品包装标识。如图4-2所示。

堆放层限　易　碎　怕　湿　向　上　防　晒　此处不能夹压　小心轻放　严禁踩踏

图4-2 商品包装标识图示

一、安全制度设计

易通物流深深地认识到对于仓储安全防范地重要性，并制定详细而又完备的安全管理规章制度。具体如下：

1. **总则**

(1) 在仓库区域内的所有活动必须能够保证仓库管理人员、装卸工、仓库保安人员、司机和其他进入仓库人员的安全，以及货物和仓库建筑、设备的安全。

(2) 在仓库工作的公司雇员，如仓库管理人员、装卸工、仓库保安人员等，必须接受公司关于仓库作业程序、技能，以及公司安全政策及相关执行程序的考核并须合格，知道如何进行安全操作，并明确个人在安全作业方面的职责。

(3) 司机、提货人员或其他人员在进入仓库时，必须阅读仓库相关的安全条例，并且严格遵守。

(4) 仓库内必须配备足够的安全设备，并得到良好的维护，以确保仓库内人员的安全。

(5) 仓库内的设备必须符合安全作业的要求，并进行良好的维护。

(6) 仓库内必须有必要的安全警示牌，以告诫进入仓库的人员，如严禁烟火、限速、防碰撞、防坠落、禁止使用、紧急疏散通道等警示标志。

(7) 仓库发生紧急事故时，必须通知经过训练的人员或专业人员进行迅速和有效的处理，避免对安全的损害。

(8) 定期对仓库的安全设施、安全系统进行检修保养和评估，以确保符合公司的安全规定，并做出持续改进。

(9) 保留所有的安全记录，以证明所有的安全工作都已经完成，并提供对事故的回溯能力。

(10) 仓库主管必须制定文件，保证出门条是出仓的唯一通行证，并对出门条进行严格控制与保管。

(11) 仓库主管在节假日来临之前，必须提前做好防火、防盗、防灾的工作安排。

2. **个人要求**

(1) 仓库作业人员进入仓库必须佩戴公司的身份识别标志，非仓库工作人员必须填写《来访者签名册》，非公司员工、非客户人、提货人员、司机需要进入仓库时，必须征得仓库主管同意；仓库主管必须征得客户同意，方能让来访者入库参观。

(2) 必须穿着工作服装和适于工作的鞋帽。服装和鞋帽必须能够提供对日晒、低温、高温的防护，对碰撞、滑倒、摩擦、物体跌落等对人体安全的伤害的防护，以及能够提供对货物的保护。在需要时必须穿戴安全作业程序规定的专门的劳动保护用品，以保证作业安全。不得穿着非工作服装、拖鞋或赤脚进入仓库。

(3) 任何人不得在饮酒后进入仓库。

(4) 不允许仓库作业人员在缺乏睡眠和极度疲劳的情况下进行作业。

(5) 所有人员不得携带火种、食物、饮水或危险品进入仓库，库区内严禁吸烟、进饮食。人员可以在仓库外划定的区域内吸烟和进食。仓库保安人员在发现危险品时，必须立即转移到安全的区域，由受过训练的专业人员处理，或通知专门机构进行处理。

（6）严禁在仓库内及装卸平台上跑动，任何人在经过岔路口时必须放慢速度并注意过往的运输车辆和叉车；在仓库区域行走时，必须行走在划定的人行道上，或靠近路边行走。

（7）除进行装卸作业的人员外，其他人等不得在装卸区域停留。

（8）除工作人员在作业需要之外，其他人等不得使用仓库内的一切实施和设备，特别是不得随意开关电源，或动用消防器材，或私自驾驶叉车和运输车辆等。严格禁止一切有意损害仓库内建筑、设备、设施的行为。

（9）司机、提货人员或其他人员进入仓库后，必须服从仓库管理人员和保安人员的调度和监督，严禁在库内发生争吵、打架斗殴或其他任何形式的冲突。

（10）仓库主管必须保证所有仓库钥匙都有备份，仓库钥匙交给指定的人员进行保管，仓库门钥匙不允许员工私自复制，或将钥匙交给非公司的员工保管。

3. 仓库设备和设施

（1）仓库设备和实施在设计和安装阶段必须考虑安全问题，并得到专业人员的认可，确保符合安全的需要。

（2）仓库的设备、设施的使用如需要特别的技能，使用者必须接受专门的培训，并考核合格。未经过培训并考核合格的人员不得使用这些设备和设施。

（3）对于仓库设备和设施，如电梯、叉车、手推车、包装封口机、照明设备及线路、应急电路、清洁工具、仓库温湿度控制设备、虫害控制设备、消防器材、消火栓等，必须制订定期维护计划，并指定负责人，使其设备和设施得到定期的主动性维护，以使设备保持良好的工作状态，维护的方法必须得到专业人员的批准。所有的维护工作必须保持准确的记录。

（4）在使用包装封口机、叉车、手推车或其他装卸工作前，必须事先进行检查，确认完好后，才能使用。如发现故障，应立即停止使用，并移入指定的修理区域等待修理。

（5）每天对这些设备、设施进行检查，发现问题立即纠正或安排修理，所有检查必须保持记录。

4. 安全设备和设施

（1）仓库内必须安装足够的消防设备，如消火栓、灭火器、自动喷淋装置等，以提供仓库足够的处理火灾的能力。

（2）仓库钥匙管理，必须严格按规定执行。

（3）作业现场和办公区域必须配备足够的消防面具、应急灯，以备在发生紧急事故时发挥作用。

（4）安全设施必须得到定期的维护和检查，以确保其随时保持良好的状态。

（5）必须建立在紧急情况下人员的快速疏散通道，以保证发生紧急事故时，可以安全的快速疏散人员。

（6）所有人员都必须接受正确使用这些设备的培训，并定期进行模拟演习，以确保所有人员在发生事故时能够正确使用这些设备以确保个人的安全。

（7）在办公区域和工作区域，都必须有紧急求助电话和报警装置，相关人员都接受过相关培训，使员工在遭遇紧急事故时，能够及时报警或求助。

（8）在办公区域和工作区域必须配备必要的紧急救生设备和药品，所有人员必须接受相关培训。在人员受到伤害时，能够自救或拨打"120"求助电话。

5. 叉车作业

（1）叉车在仓库内必须限速行驶，仓库区域内车辆行驶时速不得超过 10 千米。

（2）在经过交叉路口、拐弯处或视野不明的范围内，叉车操作员必须减速和鸣笛；若所运送的货物妨碍了叉车操作员的视线，则应倒车行驶并减速。

（3）司机将车停靠在装卸区域之后，应立即将车熄火，拉上手刹，在车轮下放置楔块。

（4）任何人不得站在装卸平台和卡车之间。

（5）叉车司机必须取得专业资格才能驾驶叉车。

（6）叉车在使用前必须经过检查确认处于良好状态，没有故障。

（7）叉车司机必须佩戴手套驾驶叉车，不得穿拖鞋或赤脚驾驶叉车。

（8）不得使用叉车运送超高、超宽、超重的货物。

（9）禁止叉车在作业过程中的快速启动、急刹车或急转弯。

（10）仓库区域内作业的叉车，不得并排同向行驶，应保持前后车距 3 米以上；

（11）叉车操作员必须注意周围的行人与车辆，确定有足够的纵向及横向空间后，方可以通过。

（12）禁止站在升降叉架或附属部件上。

（13）作业过程中，叉车操作员不得将身体的任何部位伸出驾驶室。

（14）作业过程中叉车操作员应使升降叉架处于商品的中间部位，确保稳固后方可移动。

（15）在使用叉车运送货物的过程中，升降叉架应始终处于最底位置，不得在叉车运行过程中起落或调节升降叉架。

（16）每次运送货物的高度限定为 12 块地台板的高度或低于 1.8 米，不得将商品升高作长距离的行驶。

（17）在使用地台板装卸货物时，必须所有货物都整齐、稳固的摆放在地台板上，装卸前必须检查货物是否已经缠绕紧固，否则不得起运。

（18）破烂地台板不得进行整板叉车装卸作业。

（19）叉车操作员不得以惯性的方式靠近货物或以惯性的方式溜放货物。

（20）若不作业的时间间隔超过 10 分钟，则应将叉车熄灭，禁止使叉车发动机空转，并将升降叉架降落至地面。

（21）叉车在装卸区域行进时，装卸工和其他人员不得在距叉车 3 米内停留。

6. 人工装卸作业

（1）仓库管理人员和装卸工必须接受装卸作业的培训。

（2）装卸工必须穿着适合作业的服装，并穿防滑安全鞋。

（3）手推车或手动液压叉车在使用前必须检查，无故障、状态良好才能使用。

（4）进行手工装卸作业时，以双手夹持的方式不得同时搬运两件以上的货物，以垂直堆放的方式搬运货物，货物高度不得超高40厘米或挡住视线。单件重量超过20千克的货物，每次只能搬运一件。

（5）在不使用装卸平台的情况下，重量超过30千克的货物使用人工搬运上车，必须由两个人同时进行。

（6）使用手推车运输货物时，货物高度挡住视线，必须以拉动而不是推动的方式移动货物，避免碰撞其他货物或人员。

（7）手推车上堆放货物的高度不得超过规定的安全高度。货物必须堆放整齐稳固，需要时必须进行捆扎，防止货物坠落。

（8）装卸过程中不得抛掷货物。

（9）叉车在行进过程中，装卸工不得松手，严禁溜放手推车。

制度虽然完善，但如果只是停留在制度层面不加以督促落实，肯定难有实效。公司领导要定期进行安全检查，发现安全隐患，并提出解决措施。

二、检查清单的设计

在安全检查时，需要考虑到设计一个安全检查清单，以便于全面地进行该项工作。如表4-1所示。

表4-1　　　　　　　　　　安全检查清单

项目	检查内容	权重	检查记录	结论
人员				
货物				
设备				
消防				

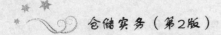

现在，你可以拿着你设计的安全检查清单到实地进行调研了！

【知识要点】

一、人身安全的防范与管理

（1）无设备上岗证严禁操作设备。

（2）定期进行人员安全操作培训。

（3）接触危险品要做好防护措施。

（4）作业期间注意避让运输设备。

（5）仓储库区禁止追逐打闹跑动。

（6）高空取放货物时借助登高梯。

（7）较大较重货物禁止蛮横搬运。

（8）熟悉各库区内消防逃生通道。

二、货物安全的防范与管理

（1）仓储库区安装监控设备。

（2）制定进出库房安全制度。

（3）货物交接实行登记制度。

（4）仓库实行值班巡检制度。

（5）拣料实行自检复检制度。

（6）货物严禁野蛮装卸搬运。

（7）货物装卸堆码不能超高。

（8）堆码上小下大上轻下重。

三、设备安全

（1）各种设备必须粘贴状态标识。

（2）制定设备定期保养维护制度。

（3）制定各种设备操作注意事项。

（4）下班离开时要做好"五关"。

（5）操作设备禁止打电话发信息。

（6）运输工具在操作中严禁载人。

（7）未通过考核严禁操作各类设备。

四、消防安全

（1）消防通道和消防栓严禁堵塞。

（2）紧急出口指示灯必须为常亮。

（3）制定消防器材定期检查制度。

（4）库房不准使用电炉类等器具。

（5）制定库房动火操作管理制度。

（6）长期不使用的插座进行封闭。

（7）定期组织进行火灾逃生演习。

【学习拓展】

某公司分发中心安全类标识学习

指示标志的分类和作用：安全类指标标识分为禁止标识、警告标识、指令标识、提示标识和文字辅助标识，旨在提醒人们注意不安全的因素，引导安全行为，防止事故发生，起到保障安全的作用。

1. 中心大门区域

大门两侧考虑选用综合标识牌，主要内容包括：消防警句或口号、整个库区平面图。安全月、消防日特别需要大门处悬挂宣传类横幅，并可长期、反复使用。

| 预 防 火 灾 |
| 人 人 有 责 |

尺寸：64厘米×40厘米

| 安 全 生 产 |
| 人 人 有 责 |

尺寸：64厘米×40厘米

图 4-3 大门两侧标识牌图例

各类安全标志可以整合到一个大牌子里面，如图 4-4 所示。

整体尺寸：170厘米×110厘米　　单个尺寸：50厘米×50厘米　　　整体尺寸：170厘米×110厘米
　　　　　　　　　　　　　　　　　　　　　　　　　　　　　　　单个尺寸：50厘米×50厘米

图4-4　各类安全标志整合图例

以下图例可按需求，选择使用，如图4-5所示。

车辆限速标志　　按道行驶标志　　提醒车辆　　　急转弯处　　　监控摄像区
　　　　　　　　　　　　　　　　按道行驶　　　设置凸镜

（以上所有标识单个尺寸：50厘米×50厘米）

图4-5　各类安全标志图示

车辆停靠线，颜色符合交通规定。

防撞垫和警示线，防撞垫规格为10厘米×25厘米×60厘米，如图4-6、图4-7所示。

图4-6　无装卸平台停车线图例　　　　图4-7　有装卸平台停车线图例

警示线上需要画以黄黑斜线（30～35厘米），如图4-8所示。

图 4-8 警示线上黄黑斜线图例

2. 仓库门外两侧

标示库区消防平面图，仓储面积较大时按区域分别标注，平面图上应清楚标注应急通道、应急出口的位置；各仓有各自的平面图（有安全设施位置等）。如图 4-9 所示。

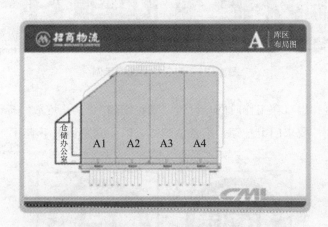

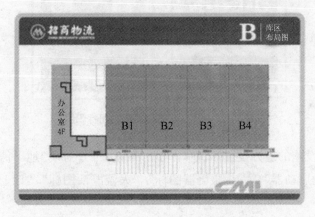

图 4-9 仓库消防平面图示例

3. 仓库区

（1）墙面上应标示有不同感光应急指引图标，例如"左行紧急出口""右行紧急出口""直行紧急出口"等。如图4-10所示。

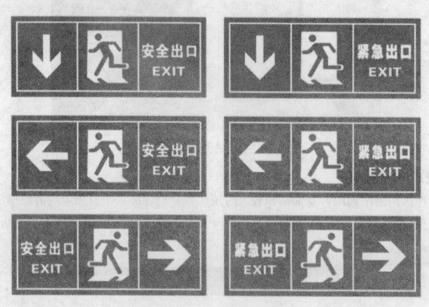

图4-10　应急指引图标示例

（2）消防通道和出口在工作时间，设置"禁止锁闭""禁止堆放"标识牌，如图4-11所示；紧急出口处，要求门上挂锁，准备消防斧，以便紧急情况下砸开。

图4-11　禁止堆放和禁止锁闭标识牌

（3）放有消防设施的地方设置标识牌，如"消防水带图标""地下消火栓图标""灭火器图标""消防手动启动器""发生报警器图标""火警电话图标""地上消火栓图标"等。如图4-12所示。

单个尺寸：20cm×20cm

图 4-12 消防设施放置处标识牌

（4）在操作区域需要设置"安全生产人人有责""遵守操作规程，严格劳动纪律""安全第一，文明生产"等标识牌，可选择性使用。如图 4-13 所示。

图 4-13 操作区域标识牌示例

（5）配电房或用电区域需要设置"禁止靠近""高压危险""禁止合闸""当心触电"等标识牌，充电房要标示"谨慎操作""保持通风"等标示牌，如图 4-14 所示。标识牌可以根据现场选择性使用。

图4-14　用电区域标识牌示例

（6）紧急集合牌，如图4-15所示。

图4-15　紧急集合牌示例

4. 危险品仓库

危险品仓库除执行普通仓库的通用条款外，还必须遵守：

（1）危险品仓库在库区门口可考虑整合"十大禁令"等相关内容的综合标识牌。

（2）危险品仓库应增加禁止带火种、必须穿防护服、必须戴防毒面具等标识牌。如图4-16所示。

图4-16　危险品仓库标识牌示例

项目五 仓库的选址与规划

模块一 仓库的选址

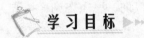 学习目标 ▶▶

应知	应会
1. 仓库选址的考虑因素 2. 仓库选址决策的相关程序 3. 平方根法则 4. 重心法计算公式	1. 识别仓库选址的考虑因素 2. 搜集和整理仓储选址需要的数据 3. 对比不同仓库数目的物流网络方案 4. 应用"平方根法则"进行库存合并的计算 5. 应用重心法进行单中心的仓库网点选址规划

【背景导入】

请你根据项目背景为北海粮油在华北地区重新进行网络布局,并选定合适的成品分拨中心地址。

仓库是重要的物流节点,是大量物资集散的场所。企业需要考虑合理的仓库网点布局。也就是说,在经济区域中,需要综合考虑各种因素,对物流网点的位置、数目、规模、供货关系等进行规划设计。

仓库规划是企业重大问题决策,会对其长期运营有持续性的影响,能有效降低物流总成本,减少企业物流资本性支出,提升企业服务水平,并为运输效率和库存水平的恰当选择和准确管理奠定良好的基础。而非只有短期影响的事务性安排。同时,仓库规划需投入大量资金,企业必须量力而行,从实际需求出发。

你认为评价仓库网点布局合理与否应主要考虑哪些因素?

1. 仓库网点布局主要考虑因素

北海粮油对现有的生产、销售以及与之配套服务的物流分拨中心进行内部调研，发现整体物流节点布局较为分散，最主要的是造成大量的库存占用，严重影响了该集团的资金流转，并且各个地区均有分拨中心，业务重合度高、机构臃肿、仓储费用将近达到 400 万元，整体费用过高，因此，决定对现有的仓储布局进行整改。

整改工作由北海粮油物流总监带动，因为涉及各方利益，因此希望将该项目进行整体对外招标，从而借用专业咨询公司的实力对本集团的物流节点布局有一个合理的设置，并且能够对设置后的仓储地址有一个清晰的判断，并给出各个仓库的合理库存数量。

北海粮油物流改进小组制定了周密的招标文件，首先对市场进行调研，遴选出大致 10 家左右的物流与供应链领域的专业咨询公司，然后通过各项调查问卷、实地考察以及咨询公司的客户访谈等方式，最终确定 3 家入选名单，它们分别是捷润咨询、思杰咨询、拓普特瑞咨询。

北海粮油物改小组针对 3 家咨询公司，召集了一次集中投标的会议。会议明确从 3 家咨询公司中，选择出 1 家该集团公司的战略合作伙伴，希望能够与被选择单位达成长期合作关系，就该集团的物流发展战略、营运等各个层面展开多方面的研究和提升。本次的投标主要议题是关于仓储与库存的战略布局、节点建设等问题，未来还将会就整体仓储建设、选择、流程设计、设施设备选型，甚至信息系统等一系列的问题展开多方位的合作，因此，希望各家咨询公司能够站在更高、更远的角度来看待本次投标活动。投标活动和意图得到了 3 家咨询公司的认同，均表示将会尽公司最大的努力和专业程度完成此次任务。

北海粮油要求本次咨询活动的标的为天津塘沽加工厂所覆盖的销售及物流网络节点布局建设以及库存控制问题，并要求 3 家咨询公司在半个月的时间内，给出一份咨询报告建议书。

3 家咨询公司在紧张的半个月时间里，分别提交了建议书，其中，捷润咨询公司的报告建议书得到了中粮集团的认可，由于性价比较高，最终成为中粮集团本次咨询项目的合作伙伴。

在签订完各项商务条款和办妥一些前期手续后，北海粮油要求捷润咨询公司在 3 个月的时间里，必须完成该集团北方区物流新分拨中心库房的选址报告。

捷润咨询公司在与北海粮油商讨完整体项目后，提出了分成三个阶段来完成这个项目的思路：第一是调研阶段；第二是可行性建议阶段；第三是建议落地阶段。这三个阶段得到了北海粮油的认可，随后捷润咨询公司进入工作进程。

整个调研过程大概为 15 天，捷润咨询公司的项目团队成员经过与中粮集团以及各地分拨中心的相关人员交流，汇集了所有能够掌握的资料，随后对资料进行整理。

据中粮集团的介绍，天津塘沽加工厂主要覆盖华北、东北、西北三个地区，每年生产加工总量达到 15 万吨，华北及东北地区的消费量较大。中粮福临门北海粮油有限公司

（简称"北海工厂"）是"福临门"小包装品牌食用油辐射华北、东北、西北销售区域的生产加工厂。目前其成品储存仓库设置情况如图5-1、表5-1所示。

● 分拨中心地址

图5-1 中粮集团北部地区物流分拨中心布局（示意）

表5-1　　　　　　　中粮集团北方区成品分拨库面积数据　　　　　　单位：平方米

地区	西安	新疆	兰州	太原	沈阳	大连	哈尔滨	呼和浩特	石家庄	天津	北京	专属	合计
面积	2000	2000	1000	2000	2000	1000	1000	1000	1500	2000	2000	2500	20000
比例（%）	10	10	5	10	10	5	5	5	7.5	10	10	12.5	100

　　捷润咨询公司认为扣除VIP专属仓库的条件外，其他北方所有的省市地区基本上都有一个中心仓的做法是对现有资源的一种浪费，从现象上看，极容易造成库存量过大、机构臃肿等现状，从而导致营运成本上升。虽然食用油属于消费弹性较小的日常生活用品，但是其价格却相对波动较大，不论是经济通胀还是紧缩，还是国际经济营销、国内外油脂品的波动都会造成其价格体系的变动，在这种情况下，各地遍布仓库可以较快地贴近终端市场，但是也会导致库存凌乱、营运线路过长造成大量的牛鞭效应存在，从而对于终端有加速放大的效应。因此，建议对北海粮油的仓储网络进行重新布局。

2. 方案比较

请比较如表 5-2 所示方案。

表 5-2　　　　　　　中粮集团北方地区仓库增加与否优缺点比较

方案	优点	缺点
增加仓库数量到各地市		
现有方案（8个区域仓库）		
减少仓库到 4 个		
扩建中央仓库（1个）		

3. 整改思路

为改变这种现象，请讨论捷润咨询公司可以提出什么样相对应的整改思路。

4. 推算分拨库的库存情况

依据已知的仓库面积数据以及年生产加工数量来推算各分拨库的库存情况。如表 5-3 所示。

表 5-3　　　　　　　中粮集团北方区成品分拨库面积及库存预估数据

地区	西安	新疆	兰州	太原	沈阳	大连	哈尔滨	呼和浩特	石家庄	天津	北京	专属	合计
仓库面积（平方米）													
仓库比例（％）													
库存配比（万吨）													

5. 合并仓库

如果将 11 个仓库合并成 4 个仓库，会给北海粮油的服务水平以及仓储、库存成本带来什么影响呢？捷润咨询公司首先对各数据进行详细解析，随后运用"平方根法则"给出了解决步骤。

第一步：11 地的平方根值。如表 5-4 所示。

表 5-4   11 地的平方根值

地区	西安	新疆	兰州	太原	沈阳	大连	哈尔滨	呼和浩特	石家庄	天津	北京	专属	合计
面积比例（%）													
平方根值													

第二步：合并后 4 地平方根值。如表 5-5 所示。

表 5-5   合并后 4 地平方根值

地区	华北地区	东北地区	西北地区	新疆	合计
面积比例（%）					
平方根值					

第三步：将 11 个仓库改变为 4 个仓库后的减少比例。

_____

第四步：改变后的 4 地库房总面积。

_____

第五步：改变后的 4 地库房面积。如表 5-6 所示。

表 5-6   合并后 4 地库房面积

地区	华北地区	东北地区	西北地区	新疆	合计
面积比例（%）					
仓库面积（平方米）					

第六步：各地区库房面积对比。如表 5-7 所示。

表 5-7   合并后 4 地库房面积对比

地区	华北地区	东北地区	西北地区	新疆	合计
原面积（平方米）					
现面积（平方米）					

第七步：合并后库存数量的变化。

合并后，相同条件下库存数量的降低额度为：_____

小讨论

库存合并后带来什么样的效果呢？

6. 选址

捷润咨询公司在对库存与仓储布局作完分析后，必须针对华北地区、东北地区、西北地区的仓库地址给出详细的解决方案以及落地地址，随后，捷润咨询公司进入了大量的实地调研阶段。整个过程大约耗时将近1个月的时间，项目组成员分赴各地进行实地考察，然后，进行周密的测算和数据分析，选用了重心法来作为确定华北地区仓库地址的方法。

捷润咨询公司在给出的报告中，先汇总了如下信息。如表5-8所示。

表5-8　　　　　　　　　　　　华北地区5地数据量汇总

节点	运输总量（吨）
北京	15000
天津	15000
石家庄	11250
太原	15000
呼和浩特	7500

以图5-2为例，对华北5省市进行坐标示意。

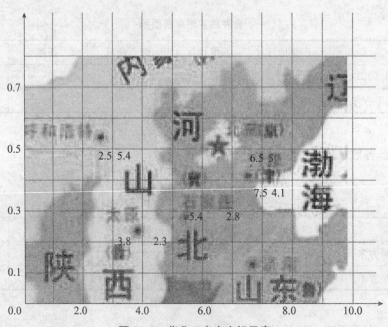

图5-2　华北5省市坐标示意

根据坐标图 5-2，完成重心法基础数据表，如表 5-9 所示。

表 5-9　　　　　　　　　　华北地区 5 地数据量及坐标数据

节点	运输总量（吨）	坐标 x_i	坐标 y_i
北京			
天津			
石家庄			
太原			
呼和浩特			

7. 新地址选择计算（如表 5-10 所示）

表 5-10　　　　　　　　　　华北地区 5 地新址选择计算

节点	运输总量（吨）	坐标 x_i	$q \times x_i$	坐标 y_i	$q \times y_i$
北京					
天津					
石家庄					
太原					
呼和浩特					
合计					

8. 新址地图标注

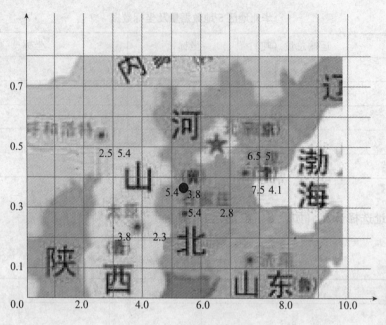

图 5-3　所选新址标注

9. 新地址确定

经过测算，新址大约位于河北省石家庄北部，经过对该地区的考察，结合周边情况，最终，捷润咨询公司提出新的物流分拨中心库应该选址在_____。这一地区的经济状况、物流状况、交通状况以及仓储供应能力足以支撑该结论，并有支持中粮集团物流在5地扩展的能力。

10. 东北区域分拨库的确定

请查找相关数据利用重心法确定东北区域分拨库的大致位置。如图 5-4 所示。

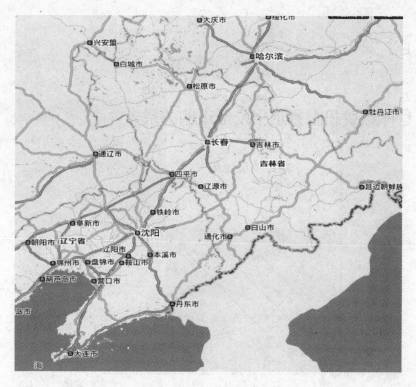

图 5-4 东北地区相关地图

大约经过两个月的时间，捷润咨询公司向中粮集团提交了 3 部分内容，经过内、外部评审，整体建议书得到了中粮集团的首肯，并如期进行推进，进入物流网络规划的落地阶段。

【知识要点】

一、仓库数量和服务水平及成本的关系

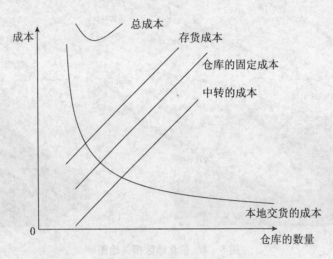

图 5-5 仓库数量和服务水平及成本的关系

如图 5-5 所示，区域内网点数目会和一系列成本因素相关，比如仓库的固定成本、存货成本、中转成本、本地交货的成本。

同时，还会和非成本因素相关，比如企业的市场覆盖度、服务水平。你认为随着仓库数量的增加，代表市场覆盖度和服务水平的曲线应该是什么形状？

二、平方根法则

安全库存和配送点总数之间的关系是基于所谓的"平方根法则"。这个"法则"规定：安全库存水平（提供所需的服务水平）随配送点总数平方根的变化而变化。

示例 1

在某一个配送点储存的产品 A 的安全库存为 300。假设这个数量能满足现有总需求，如果需求被平均分配给两个地点，那么，所需的安全库存为：

$300 \times \sqrt{2} = 424$ 或每个配送点 212

如果需求平均分配在 3 个地点，那么所需的安全库存为：

$300 \times \sqrt{3} = 520$ 或每个配送点 173

如果需求在 2 个配送点的分配比例为 80％～20％，那么，所需的安全库存为：

$$\sqrt{300} \times 0.8 + \sqrt{300} \times 0.2 = 268 + 134 = 402$$

示例 2

如果在一个具有 3 个仓库的网络中其需求分配百分比是 60∶20∶20，当网络增加为 4 个仓库其分配百分比是 40∶25∶20∶15，那么，安全库存的改变为：

$$\sqrt{0.6} + \sqrt{0.2} + \sqrt{0.2} = 1.669 \ （3 个仓库）$$

$$\sqrt{0.4} + \sqrt{0.25} + \sqrt{0.2} + \sqrt{0.15} = 1.967 \ （4 个仓库）$$

$$\frac{1.967 - 1.669}{1.669} \times 100 = 17.86\%$$

示例 3

如果一个具有 4 个仓库的网络的年总需求为 1250，其分配情况为：

仓库 A220　　　仓库 B360　　　仓库 C150　　　仓库 D520

如果所有作业活动集中在一个仓库进行，则产生的影响可以按照下面公式进行计算：

$$\sqrt{\frac{220}{1250}} + \sqrt{\frac{360}{1250}} + \sqrt{\frac{150}{1250}} + \sqrt{\frac{520}{1250}} = 1.947$$

假设一个仓库所需的安全库存总量和 1 成比例，那么把 4 个仓库变为 1 个仓库后安全库存的减少为：

$$\frac{1.947 - 1}{1.947} \times 100 = 48.6\%$$

资料来源：ILT 三级库存管理。

三、重心法

一般的仓库地址选择主要分为单中心以及多中心两种情况，单中心选择即为在多个运作点中选择单独一个地点作为集配中心，而多中心选择即为在多个运作点中选择多个地点作为集配中心，实际计算过程中多中心选择是将整体区域按照一定的标准进行区域分割，然后进行选择，中粮集团北方区即为多中心选择地址，在实际运作过程中，是将其划分成为三个区域，分别进行选择的一种模式。

重心法是单设施选址中常用的模型。在这种方法中选址因素只包含运输费率和该点的货物运输量，在数学上被归纳为静态连续选址模型。

设有一系列点分别代表供应商位置和需求点位置，各自有一定量物品需要以一定的运输费率运往待定仓库或从仓库运出，那么仓库应该处于什么位置？计算方法如下：

$$\min TC = \sum_i V_i R_i d_i$$

式中：TC——总运输成本；

V_i——i 点的运输量；

R_i——到 i 点的运输费率；

d_i——从拟建的仓库到 i 点的距离。

$$d_i = \sqrt{(x-x_i)^2 + (y-y_i)^2}$$

式中：x，y——新建仓库的坐标；

x_i，y_i——供应商和需求点位置坐标。

四、因素评估法

选址还有一个常用的方法是因素评估法。选址中要考虑的因素很多，但是总是有一些因素比另一些因素相对重要；决策者要判断各种因素孰轻孰重，从而使评估更接近现实。这种方法有 6 个步骤：

(1) 列出所有相关因素；

(2) 赋予每个因素以权重以反映它在决策中的相对重要性；

(3) 给每个因素的打分取值设定一个范围（1～10 或 1～100）；

(4) 用第 3 步设定的取值范围就各个因素给每个备选地址打分；

(5) 将每个因素的得分与其权重相乘，计算出每个备选地址的得分；

(6) 考虑以上计算结果也总分最高者为最优。

运用这种因素评分法应注意：在运用因素评分法计算过程中可以感觉到，由于确定权数和等级得分完全靠人的主观判断，只要判断有误差就会影响评分数值，最后影响决策的可能性。

你能否利用因素评估法对备选的东北区域分拨库可能地点的政策环境、交通、物流等状况进行分析呢？

【学习拓展】

某商业企业（S集团）的选址

物流中心地址的适合性是未来 S 物流成功发展的关键。作为北京物流基地，我们将在本部分提出理论最优地址，然后通过理论最优地址以及单位运距成本与已知的黑庄户仓库和金盏仓库、潜在的崔各庄地块分别进行比较，最终得出合理、合适的物流中心位置。

1. 选址的原则与方法

选址原则的确定是指导选址的方针，选址方法的合理性是保证选址合理的前提。

(1) 选址的原则。选址的原则主要考虑企业微观因素与社会宏观因素，包括成本状况、服务状况、集团业务发展模式状况、城市布局状况、所属地区政策及银行支持等。包括运距、配送成本、靠近终端目标群体、政府政策支持力度、当地银行支持力度、交通状况、土地的生熟度等各种条件。

①综合成本最小的原则。综合成本最小的原则主要考量物流中心所在位置的交通状况、距离终端客户的距离、供应商物流中心至本地址的距离，同时也要考虑当地的土地成本、劳动力成本、社会关系成本、建设启动成本等。

在实际运作过程中，综合成本最小的原则主要考虑运距最短的因素。运距最短是指物流中心距离终端用户群体运输距离累计叠加最短的方法，在单公里单吨运价一定的情况下，各物流中心选点越接近理论物流中心地址，则成本越低——我们选址即以此原则作为指导方针。

②服务质量最优的原则。服务最优主要指运送时效快和破损率低两条标准。物流中心地址距离终端用户群体距离越短，则配送绝对时间越短；同时，因为物流中心距离各门店里程短，因此可存储于物流中心，减少货物短倒的次数，并可有效降低各门店的非营业面积，尽量增加营业额。

③城市布局发展的原则。城市布局发展主要从交通、商业、经济、政治、居住引导等因素考虑。包括本城市交通状况、商业圈、居住密集区、经济繁华与否、政治中心的现状以及未来城市交通发展的布局、商业区、居住聚集区的变迁等各种因素考虑物流中心的具体选址。

④S集团业务发展适合的原则。结合S集团下属的G电器在该地区的门店分布状况、未来门店的分布状况以及集团其他产业或行业子公司的需求以及发展状况来确定物流中心地址的选择。

⑤物流中心所在地政策支持的原则。物流中心所在地政策支持主要包括当地土地成本以及后续开发支持、产业政策支持、银行金融政策支持、行政政策支持等，一个项目的成功与否离不开当地政府的支持，得到当地政府的各项政策支持将对该项目的成功运作起到事半功倍的效果。

⑥待选择地址建设条件相对成熟的原则。尽量选择已经做完一级土地开发、土地手续完整、可持续发展空间、各种市政设施较为配套或接入较为便利的地块进行开发。

⑦综合因素考虑的原则。以上所有的原则，并不是独立的，是具有相互影响、相互制约的关系，因此，在实际的运作过程中，应该将各种因素综合考量。只有结合以上所有的原则，综合考量运距、配送成本、靠近终端目标群体、政府政策支持力度、当地银行支持力度、交通状况、土地的成熟度等条件来进行选址条件的判断，才能得出一个较为适合的选址结果。

（2）选址的方法。进行物流中心选址通常采用重心法的方法进行选址。

2. 新址选择确定和优化

重心法选址首先要设定区域目标群体，即G电器的终端客户群体。2007年，G电器在北京剔除淘宝网和 G 在线外落地门店共计 58 家，根据所属区域将其归并到 17 个区域板块，板块名称、销售数量如表 5－11 所示。

表 5－11　　　　　　　　　　　板块名称、销售数量一览

序号	分属区域	销售数量（件）
1	安贞板块	1213234
2	方庄板块	706365
3	房良板块	66000
4	丰北板块	150747
5	阜成门板块	242100
6	国贸板块	327178
7	黄村板块	109608
8	京北板块	92884
9	前门板块	75002
10	上地板块	150963
11	通州板块	165278
12	望京板块	94544
13	亚奥板块	108091
14	燕莎板块	166679
15	亦庄板块	37744
16	玉泉板块	166310
17	中关村板块	314344
合计		4187071

将上述板块按照北京市交通位置，在地图中进行标注，如图 5－6 所示。

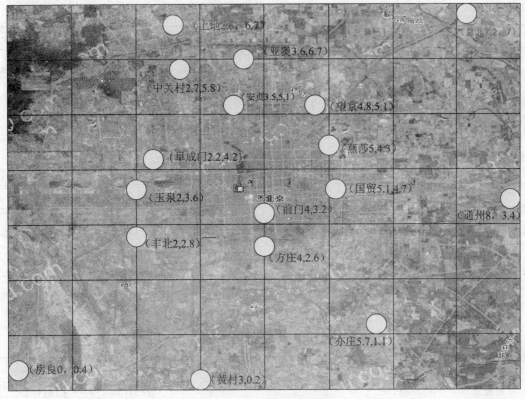

图5-6 板块标注位置

以图5-6最右下角作为（0，0）的原始起点，分别画等格线（每格10千米），然后根据各个板块所在位置确定标点即为（x_i，y_i），如方庄的标点为（4，2.6），然后根据上述公式进行计算得出理论物流中心位置标点。

（1）理论物流中心选址坐标及运距、配送成本。计算过程如表5-12、表5-13和表5-14所示。

表5-12 理论物流中心选址计算表一

节点	运输件数（Q_i）	坐标 x_i	坐标 y_i	运输费率
安贞板块	1213234	3.5	5.1	1
方庄板块	706365	4	2.6	1
房良板块	327178	5.1	4.7	1
丰北板块	314344	2.7	5.8	1
阜成门板块	242100	2.2	4.2	1
国贸板块	166679	5	4.3	1
黄村板块	166310	2	3.6	1

节点	运输件数（Q_i）	坐标 x_i	坐标 y_i	运输费率
京北板块	165278	8	3.4	1
前门板块	150963	2.6	6.7	1
上地板块	150747	2	2.8	1
通州板块	109608	3	0.2	1
望京板块	108091	3.6	6	1
亚奥板块	94544	4.8	5.1	1
燕莎板块	92884	7.2	7	1
亦庄板块	75002	4	3.2	1
玉泉板块	66000	0	0.4	1
中关村板块	37744	5.7	1.1	1

注：运输费率为每吨每千米 1 元钱。

表 5-13　　　　　　　　　　理论物流中心选址计算表二

节点	Q_i	x_i	y_i	$Q_i x_i$	$Q_i y_i$
安贞板块	1213234	3.5	5.1	4246319	6187493
方庄板块	706365	4	2.6	2825460	1836549
房良板块	327178	5.1	4.7	1668607.8	1537737
丰北板块	314344	2.7	5.8	848728.8	1823195
阜成门板块	242100	2.2	4.2	532620	1016820
国贸板块	166679	5	4.3	833395	716719.7
黄村板块	166310	2	3.6	332620	598716
京北板块	165278	8	3.4	1322224	561945.2
前门板块	150963	2.6	6.7	392503.8	1011452
上地板块	150747	2	2.8	301494	422091.6
通州板块	109608	3	0.2	328824	21921.6
望京板块	108091	3.6	6	389127.6	648546
亚奥板块	94544	4.8	5.1	453811.2	482174.4
燕莎板块	92884	7.2	7	668764.8	650188
亦庄板块	75002	4	3.2	300008	240006.4
玉泉板块	66000	0	0.4	0	26400
中关村板块	37744	5.7	1.1	215140.8	41518.4
合计	4187071			15659648.8	17823474

理论坐标：

$X=15659648.8/4187071=3.7$，

$Y=17823474/4187071=4.3$。

理论坐标位置如图 5-7 所示。

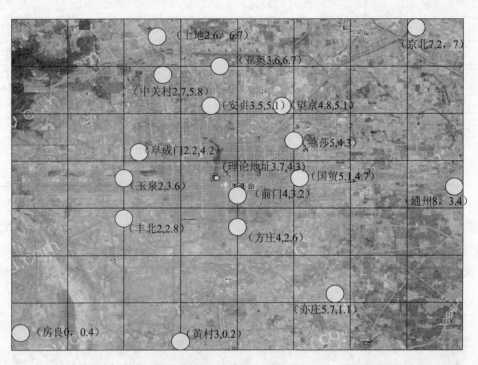

图 5-7 理论坐标位置

表 5-14　　　　　　　　　理论物流中心选址计算表三

序号	分属区域	Q_i（件）	x_i	y_i	X	Y	D_i	重量（千克）	总重量（千克）	R_i	运输成本（元）
1	安贞商圈	1213234	3.5	5.1	3.7	4.3	8.2	80	97058720	1	800366.71
2	方庄商圈	706365	4	2.6	3.7	4.3	17.3	80	56509200	1	975500.04
3	国贸商圈	327178	5.1	4.7	3.7	4.3	14.6	80	26174240	1	381102.69
4	中关村商圈	314344	2.7	5.8	3.7	4.3	18.0	80	25147520	1	453353.36
5	阜成门商圈	242100	2.2	4.2	3.7	4.3	15.0	80	19368000	1	291164.88
6	燕莎商圈	166679	5	4.3	3.7	4.3	13.0	80	13334320	1	173346.16
7	玉泉商圈	166310	2	3.6	3.7	4.3	18.4	80	13304800	1	244605.77
8	通州商圈	165278	8	3.4	3.7	4.3	43.9	80	13222240	1	580876.34
9	上地商圈	150963	2.6	6.7	3.7	4.3	26.4	80	12077040	1	318843.01

序号	分属区域	Q_i（件）	x_i	y_i	X	Y	D_i	重量（千克）	总重量（千克）	R_i	运输成本（元）
10	丰北商圈	150747	2	2.8	3.7	4.3	22.7	80	12059760	1	273413.67
11	黄村商圈	109608	3	0.2	3.7	4.3	41.6	80	8768640	1	364716.40
12	亚奥商圈	108091	3.6	6	3.7	4.3	17.0	80	8647280	1	147257.87
13	望京商圈	94544	4.8	5.1	3.7	4.3	13.6	80	7563520	1	102874.99
14	京北商圈	92884	7.2	7	3.7	4.3	44.2	80	7430720	1	328468.08
15	前门商圈	75002	4	3.2	3.7	4.3	11.4	80	6000160	1	68412.35
16	房良商圈	66000	0	0.4	3.7	4.3	53.8	80	5280000	1	283846.04
17	亦庄商圈	37744	5.7	1.1	3.7	4.3	37.7	80	3019520	1	113944.38
合计		4187071					416.8		334965680		5902092.75

　　理论物流中心位置向17个板块进行输配送业务，单程运距416.8千米，全年配送总费用为5902092.75元。

　　其他4块备选地分别为崔各庄地块、金盏地块、黑庄户地块、马驹桥地块，如图5-8所示。

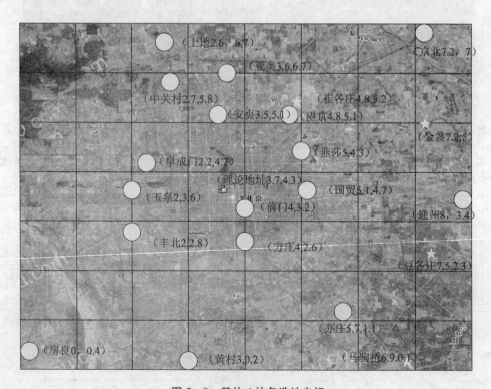

图5-8　其他4块备选地坐标

根据上述公式和计算步骤对以下 4 块地块进行运距和配送成本测算。

（2）崔各庄选址坐标及运距、配送成本。崔各庄地块的地标为（4.8，5.2）位置，其向 17 个板块进行输配送业务，单程运距 467.4 千米，全年配送总费用为 7283454.27 元。

（3）金盏选址坐标及运距、配送成本。金盏地块的地标为（7.2，5）位置，其向 17 个板块进行输配送业务，单程运距 704.0 千米，全年配送总费用为 13082487.85 元。

（4）黑庄户选址坐标及运距、配送成本。黑庄户地块的地标为（7.5，2.3）位置，其向 17 个板块进行输配送业务，单程运距 779.9 千米，全年配送总费用为 15231934.53 元。

（5）马驹桥选址坐标及运距、配送成本。马驹桥地块的地标为（6.9，0.1）位置，其向 17 个板块进行输配送业务，单程运距 913.4 千米，全年配送总费用为 18252078.55 元。

2007 年，北京物流配送总费用为 1637.34 万元，以黑庄户为操作地址，相差 114.15 万元，符合误差正负 10% 区间。从而验证使用重心法进行选址定位较为准确。

虽然用重心法确定物流中心大致位置是适合的，但是因为物流中心、店面地址标注的精确性以及配送店面选取的数量多少都对各项数据有一定的影响，故实际过程中，只能依赖此数据选择出相对合理的物流中心地址。

3. 备选地址的依据因素对照

除运距和配送成本外，还要参考一些其他的因素，以下从具体位置、交通、可持续发展等方面进行评比，得分标准如表 5-15 所示。

表 5-15　　　　　　　　崔各庄、金盏、黑庄户、马驹桥地块影响因素对照

选址标准	选址细则	崔各庄仓库	金盏仓库	黑庄户仓库	马驹桥仓库	备注
	具体位置	来广营东路西端	第二机场高速外、金盏农场附近	京沈高速与京津第二高速夹角	六环路北侧、京津塘高速	
	规划面积	450 亩	150 亩	150 亩	7500 亩	
	土地现状	上有树木、租户	已建库并使用	已建库并使用	土地已平整	
	交通状况	东北五环，京承高速，京顺路，机场南线	第二机场高速	京沈高速与京津高速	南六环、京沈、京津塘第二高速，京津塘高速公路	
	功能定位	农业区	仓储区	仓储区	综合物流区	
	理论运距	467.4	704.0	779.9	913.4	千米
	配送成本	728.35	1308.25	1523.19	1825.21	万元
		18	13	12	12	总分 20 分

选址标准	选址细则	崔各庄仓库	金盏仓库	黑庄户仓库	马驹桥仓库	备注
客户易达性	仓储位置	467.4 千米	704.0 千米	779.9 千米	913.4 千米	总分5分
		4	3	3	3	
	客户分布区域	客户大多位于东三、四环至西三、四环之间				总分8分
		7	5	5	4	
	资源环境与产业关联度	农业区	物流区	物流区	综合物流区	总分5分
		3	4	4	4	
	交通环境	14	12	13	13	总分15分
	城市发展规划	城乡结合部	农村	农村	专业物流园	总分5分
		3	4	4	3	
可快速启动	建设状况	上有树木、租户	已建库	已建库	土地已平整	总分6分
		3.5	5	4.5	5	
	具备土地扩展空间	4	4	5	6	总分6分
分数合计		56.5	50	50.5	50	70

除理论物流中心位置外，崔各庄地块得分最高，其次为黑庄户，最后为金盏地块和马驹桥地块。

4. 新址选择建议

针对理论物流中心地址和崔各庄、金盏以及黑庄户四个地块进行比较：

首先，从理论运距以及运距成本来看，崔各庄地块距离目的地终端最为适宜。

其次，崔各庄地块道路状况较其他地区也更有竞争性，可以较为迅速地通达市内，尤其是G与大中覆盖的主要区域。

再次，从未来的发展空间来看，崔各庄地块本身处于城乡结合部，变更土地性质进行其他商业开发的可能性是存在的。

基于以上的分析，我们优先推荐崔各庄地块作为未来物流中心建设的建设用地。

但是，我们必须要考虑其他一些影响或不可预见的因素，在有效解决大型货车进入五环道路时间受限制的问题、租赁与购买土地导致的产权关系问题、租赁成本与购买成本问题后，在保证S物流前期投入较少、后续能够获得较好的投资回报率并有可持续发展的空间以及土地变性的可能性的条件下，才能进行报建等后续工作。否则，将选择其他地块。

模块二 流程设计与平面布置及储位安排

学习目标 ▶▶

应知	应会
1. 第三方物流仓储业务流程	1. 分析仓储流程活动的关联性
2. 仓库功能区域面积计算方法	2. 计算仓库功能区域面积
3. 货物布局的物理、化学特性要求	3. 进行仓库布局设计与优化

【背景导入】

　　结合运作章节的内容介绍，将运作流程与产品物理特性、化学特性、周转率等各种因素有机结合，制作出翔实可行的流程优化方案；参考特性流量方案、运作关联度方法、仓储面积计量方法等，利用简单的绘图工具，制作出仓库平面布局和储位安排图。

　　中粮集团在确定了华北区域分拨库地址之后，邀请捷润咨询公司为该集团提供完整的分拨中心仓库管理供应商招标方案。捷润咨询公司与中粮集团的相关人员组成招标小组，从10余家物流企业中遴选出国内知名的专业第三方物流公司易通物流公司提供仓储管理服务。

　　易通物流公司在接到"中粮集团食用油仓储供应商投标"邀请书后，迅速组建了"中粮项目部"筹备小组，由筹备小组负责整体投标过程。小组成员来自于市场部、运作部、财务部以及客服部，对于大宗业务具有多年的运营经验。在对中粮集团华北地区的分拨中心库的现状进行调研后，筹备小组人员奔赴保定，在保定开始对现有的仓储供应设施进行调研。

　　在到达保定后，他们首先找到当地较大的物流企业朝晖物流，通过该企业的介绍，得知保定地区的仓库供应水平是较为低下的。该地区整体仓库面积约50万平方米，其中，大部分是汽车零部件仓库、化工品仓库、家电分拨仓库等，大多数仓库还是20世纪80年代左右建造的，层高较低，且没有操作站台，不符合真正意义上的物流分拨仓库应用。尤其是像福临门食用油的存储，并不是储存项目，而是搭建分拨平台，要求必须具有适合快速进出的相应设施，为尽快落实仓库情况，易通物流公司连夜制定了仓库资源调查问卷，从而对该地区的仓库供应进行摸底调查。

易通物流公司通过摸底调查，框定了5家供应商，在对5家供应商进行实地调研和面谈之后，确定了中储储备库，该仓库面积约为5000平方米（长100米，宽50米），高度12米。保定中储储备库位于保定市南部，毗邻京珠高速、保定东二环和保沧路交会路口，院内有中储铁路专用线，可以承接铁路货物的装卸，适合福临门产品的批量进出状况，如图5-9所示。

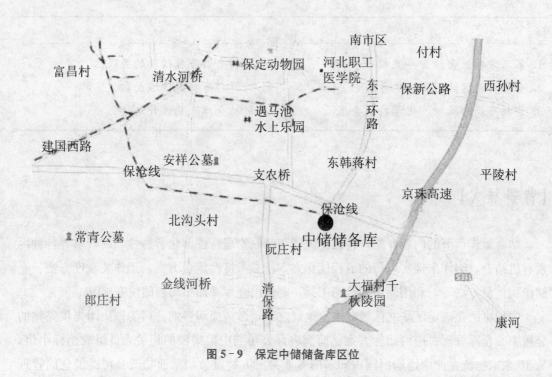

图5-9 保定中储储备库区位

经过与中储储备库相关负责人沟通后，易通物流公司认为，该项目比较符合中储储备库服务内容的转型，中储会大力支持易通物流公司利用该平台进行福临门食用油的业务操作。

易通物流公司在做完各种准备工作后，做出了详细的投标方案，在经过三轮激烈的竞争性谈判后，易通物流公司终于获得了该项目的操作权。

易通物流公司在获得该项目的运营权后，与中粮集团进行商务细节及运作细节的谈判。中粮集团要求易通物流公司为该项目制定专属操作流程，并且提供相应的平面布局图。易通物流公司在与中粮集团的交流过程中，得知该项目的前期战略规划、框架运营方案是由咨询公司捷润咨询公司提供的咨询服务，因此，希望由捷润咨询公司协助自己完成该项目的推进。中粮集团在综合评估合作风险后，要求捷润咨询公司在不违反商业机密的情况下，可以与易通物流公司形成战略合作关系。

易通物流公司随后与中粮集团签订了服务合作合同，1个月后开始进行转仓工作，并正式进入服务状况；同时，与捷润咨询公司签订合作协议，双方共同为中粮集团提供服务保障。

直至此时，易通物流公司前期项目筹备小组自动转为"中粮项目部"，并且邀请捷润咨询公司的相关人员进入该项目部，为该项目提供流程和制度保障。

1. 分析运作流程

项目部在对中粮集团福临门食用油的业务运作进行分析后，首先确定分拨库的收货作业流程，包括在货品到达前，通过确认要到达的货品的数量、种类，到达的车辆类型及日期，合理安排车辆所需停靠的月台，并预先计划所需的进货储存的位置。

食用油货品基本上为以箱为单位的非托盘形式到货，货车到达物流分拨库后，在进货区域输入相关运输单据信息后，系统依据设定的上架规则分配存储区域及货位，同时，打印附带货品编码、货品名称、批号或期限、存储区域及储位编码等信息的进货标签。同时通知收货人员进行卸货作业后进行码盘，根据商品存储区域的分类，进货标签将被贴附于托盘或原件箱上，系统确认商品入库。将货物转运至指定检验区，根据作业规范进行必要的到货检验程序。

分拨库进货商品的储存分类主要根据货品的不同情况，结合采用以下几种分类方式：

（1）根据商品的大类和存储要求，分为一般货品和残退品存储、分拣区；

（2）根据商品的体积大小划分为大托盘存储拣选区和小托盘存储拣选区；

（3）根据商品的出货量和频次划分 ABC 存储、拣选区；

根据以上的分类原则，商品经过检验后的流向主要有：

（1）批发类产品和大批量采购的产品流向高位货架区；

（2）小托盘存储商品流向小托盘普通托盘存储区、拣选区；

（3）大托盘存储商品流向大托盘存储、拣选区。

考虑到快速消费品行业的客户订货特点，除了未来面向其他下级 DC 补货可能存在整托盘商品出货情形，市内门店及市内零售客户的出货主要还是以箱、托出货。小包装产品有 50% 左右的拆零出货比例。

单箱拣货作业主要应用 Pick－to－Label 的拣货方式，即 WMS 系统根据订单打印拣货标签（包括出货类型、客户名称、出库位置等信息），拣货作业人员依据拣货标签上显示的信息，拣选出相应数量的货品。拣货货位在补货时，在托盘或者整箱上贴上补货标签标明补货开始，从而实现在库移动。拣选后的商品依据配送客户及配送路线运送到集货区，单箱出货产品在集货区汇集后装车发运。

捷润咨询公司与易通物流公司为福临门食用油制定完详细流程之后，开始对库区进行布局规划。

小讨论

(1) 仓库需要划分哪些功能区呢？各个功能区的面积如何测算？

_____

(2) 保定仓库面积约为 5000 平方米，高度 12 米，整体分为哪些功能区？

_____

2. 仓库功能区

(1) 高位货架区。高位货架区是库区的主体存储区域。由于其投资和运行成本低，单位面积的仓储能力较强，因此，在布局过程中可尽可能增加本区域面积。按照托盘规格 1200 毫米×1000 毫米，货架尺寸 2760 毫米×1000 毫米，通道宽度 3.5 米等基本参数布局，获得不同方案的高位货架区实际面积。主通道宽度示意，如图 5-10 所示。

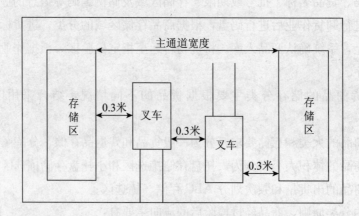

图 5-10　主通道宽度示意

(2) 就地堆存区。就地堆存区没有特殊的设备要求，主要完成大宗物资和快速周转商品的存储功能，由于其空间的开放性，因此，面积规划过程中灵活性强，可根据实际情况灵活布局。

(3) 分拣理货区。分拣理货区依照日平均出库 5000 箱的中等运行规模进行初步测算，每托盘平均码放 36 箱，区域日平均利用次数为 2 次，托盘规格 1200 毫米×1000 毫米，获得最小面积为＿＿平方米。

(4) 拣选区。拣选区按照 7000 项单品的中等规模初步测算，其中，10%的品项数进入拣选区。选取货架规格 2680 毫米×1500 毫米，容纳单品数 720 项，通道数 7 条，通道宽度 1500 毫米获得最小面积 400 平方米。

初步测算的各区域面积上限和面积下限汇总如表 5-16 所示。

表 5 - 16　　　　　　　　　　　区域面积上下限测算

序号	区域名称	面积上限（平方米）	面积下限（平方米）	备注
1	高位货架区	4200	3600	
2	就地堆存区		—	
3	分拣理货区	—	250	
4	拣选区	—	400	
5	管理配套区		100	

3. 从至百分比分析

货物从至百分比分析如表 5 - 17 所示。

表 5 - 17　　　　　　　　　　　货物从至百分比分析

至＼从	进货站台	立体库区	高位货架区	就地堆存区	拣选区	分拣理货区	越库区
进货站台	—						
高位货架区	70	—					
就地堆存区	10	—	—				
拣选区		20	3	2			
分拣理货区		50	12	8	10		
越库区	5	—	—	—	—	—	

注：表中数字代表各区域货物交换量占日进出货总量的百分比。

4. 相关性分析

各功能区域的活动相关性分析如表 5 - 18 所示。

表 5 - 18　　　　　　　　　　　各功能区域的活动相关性

	进货站台	立体库区	高位货架区	就地堆存区	拣选区	分拣理货区	越库区
进货站台	—						
高位货架区	U	U	—				
就地堆存区	U	U	U	—			
拣选区	U	E	O	O	—		
分拣理货区	A	E	E	E	E	—	
越库区	A	U	U	U	U	E	—

经过对以上数据和功能活动的分析，请进行平面布局工作。

5. 数据测算

根据模块一中的业务数据，测算出该分拨库年存储量（吨）、月度存储量（吨）、日出入库量（吨），如果每箱重量为 10 千克，日出库量总件数？如果每个托盘可存放货物 20 箱，以月度为存储单位，应该需要托盘数量为多少（请参考实际仓库使用率为 65％）？

【知识要点】

一、货物流动的方式

仓库并不是单纯的货物储存的地方，而是要利于货物的进出。因此，让货物能够顺畅便利地移动就成为仓库平面规划的一个重要原则。那么，货物会经过什么样的流动方式呢？货物在仓库内的自然流动过程会体现收货、批量存储、拆零拣货、出库四个阶段，在规划仓库布局时必须尽量缩短每个步骤之间的移动路程，使移动过程尽可能通畅连续。

常见的流动方式：一是 U 型流动，即在仓库的同侧有相邻的两个装货和收货月台；二是直通型流动，直通型流动就是出货和收货区域建筑物的不同方向。如图 5-11 所示。

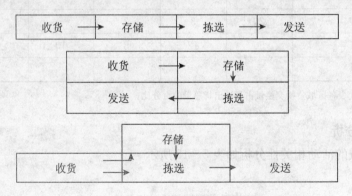

图 5-11　仓库流动方式对比示意

二、通道宽度参数

用来取货的设备的转向角度及物品的托盘尺寸决定了通道的宽度。四个方向作业的通道宽度与长度方向和宽度方向作业时的通道宽度有所不同。

转向角度或通道宽度可以根据所使用的托盘型号从叉车制造商处获得。具体参数如表 5-19 所示。由于制造商所提供的宽度是最小要求，明智的做法是多留 15 厘米，以提供操作灵活度。

表 5 - 19	通道宽度参数		单位：米
类型	项目内容	宽度	转弯半径
通道类型	主干通道	3.5～6.0	
	辅助通道	3.0	
	人行通道	0.75～1.0	
	货墙通道	0.5～1.0	
	消防通道	1.1～1.4	
设备类型	手推车	1.0～1.2	1.0～1.2
	手动叉车	1.5～2.5	1.5～2.5
	电动叉车	2.5～3.0	2.5～4.0
	平衡式堆高机	3.5～4.0	3.5～4.0
	前置式堆高机	2.5～3.0	2.5～3.0
	窄巷式堆高机	2.0～2.5	1.7～2.0

三、从至表法

从至表是指从一个工作地到另一个工作地搬运次数的汇总表。表的列为起始工序，行为终止工序，对角线右上方数字表示按箭头前进的搬运次数之和，对角线左下方数字表示按箭头后退的搬运次数之和。从至表是一种矩阵式图表，因其表达清晰且阅读方便，因而得到了广泛的应用。从至表法是一种常用的车间设备布置方法。

从至表根据其所含数据元素的意义不同，分为三类：

（1）表中元素表示从出发设备至到达设备距离的称为距离从至表；

（2）表中元素表示从出发设备至到达设备运输成本的叫作运输成本从至表；

（3）表中元素表示从出发设备至到达设备运输次数的叫作运输次数从至表。

当达到最优化时，这三种表所代表的优化方案分别可以实现运输距离最小化、运输成本最小化和运输次数最小化。

四、相关性分析

利用 SLP 方法对本项目物流中心主要区域的相关性进行分析，综合考虑各区域在物流量、业务程序、组织关系、功能衔接、环境等方面的相关性，将区域间的相关程度分为六个等级，分别用 A、E、I、O、U、X 代表绝对重要、重要到不可接近等。评分等级及接近程度评定的参考因素说明见表 5 - 20。

表 5-20　　　　　　　　　　区域等级和接近程度评定参考因素说明

相关程度等级	A	E	I	O	U	X
接近程度说明	具有绝对重要性	特别重要	重要	一般性的接近程度	不重要	不可接近
评分比例	5	4	3	2	1	—1
接近程度评定的参考因素	1	物流量		8	进行类似性质活动	
	2	人员往返接近程度		9	物流搬运的次数	
	3	文件往返频度		10	作业安全上的考虑	
	4	组织与管理架构		11	提升工作效率	
	5	使用公用设备		12	工作环境的改善	
	6	配合业务流程顺序		13	人员作业区域分布	
	7	使用相同空间区域				

 小 资 料

储存区域规划的常见图例，如图 5-12 所示。

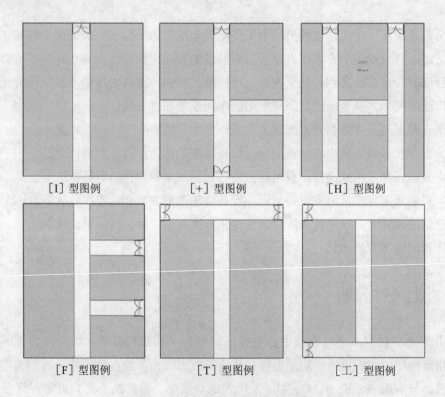

[I] 型图例　　　　　　[+] 型图例　　　　　　[H] 型图例

[F] 型图例　　　　　　[T] 型图例　　　　　　[工] 型图例

图 5-12　储存区域规划常见图例

【学习拓展】

去某仓库进行实际测量仓库面积并绘制布局图训练。

1. 分组情况

全班同学分为 7 个小组，分别是：阁楼货架组、其他货架组、门组、柱组、通道组、功能区组和距组。

2. 需教师准备的设备

每组 1 把卷尺。

3. 需学生准备的材料

尺、铅笔、橡皮、A4 纸或大作业纸 5 张。

样表如表 5-21、表 5-22、表 5-23、表 5-24、表 5-25、表 5-26、表 5-27 所示。

表 5-21　　　　　　　　　　　阁楼货架组任务单

	整体测量	各通道测量	各组货架	楼梯（占地面积）
长				
宽				
面积				

通道总面积：　　　　　　　　货架总面积：

表 5-22　　　　　　　　　　　其他货架组任务单

	中型货架	重型货架	流利式货架
货位长度			
每排货位数			
货架总长			
货架宽			
货位面积			
货架面积			

表 5-23　　　　　　　　　　　门组任务单

1 门左侧距左墙角		2 门左侧距左墙角	
1 门右侧距右墙角		2 门右侧距右墙角	
1 门宽		2 门宽	
全库长		全库宽	

表 5 - 24   柱组任务单

	柱本身	柱距墙面 1	柱距墙面 2	柱距墙面 3	柱距墙面 4
长					
宽					
面积					

表 5 - 25   通道组任务单

	通道 1	通道 2	通道 3	通道 4	通道 5
长					
宽					
面积					

表 5 - 26   功能区组任务单

	教学区	收货区	发货区	流通加工区	检验区	辊筒输送区
长						
宽						
面积						

表 5 - 27   距组任务单

	灯距	顶距	柱距	墙距
最小				
最大	—	—		
所在位置描述				

模块三 设备配置

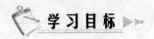 **学习目标** ▶▶

应知	应会
1. 单层平面库、单层立体库、自动化立体仓库的应用条件	1. 对比单层平面库、单层立体库、自动化立体仓库适用性
2. 手推车、手动叉车、低位叉车、高位叉车、光机电一体化设备的主要优势、劣势	2. 比较各类叉车设备的适用条件
3. 各种货架及托盘的优劣势、选用标准	3. 根据业务量进行设备的配置

【背景导入】

针对仓库选址后的建设标准、流程、产品特性、流量等要求，进行仓储装卸、搬运设施、设备的选型和配置构建。

捷润咨询公司为易通物流福临门项目设计完流程、平面布局的同时，必须协助易通物流完成各项设施、设备选择和配置要求，从而才能真正达到低成本、高效率、高服务的运作目标。

捷润咨询公司对易通物流中粮项目部的人员首先进行仓库、仓储设施设备的组织学习和了解。

小调查

(1) 国内主要的货架厂商有哪些？

(2) 主要的货架类型有哪些？

(3) 请对不同的货架类型的特点进行比较。填写表 5-28。

表 5 - 28　　　　　　　　　　货架类型比较

货架类型	优点	缺点	适用范围

（4）国内的主要叉车供应商有哪些？

_____

（5）请对不同的叉车类型的特点进行比较。填写表 5 - 29。

表 5 - 29　　　　　　　　　　叉车类型特点比较

叉车类型	优点	缺点	适用范围

（6）操作模式分析。结合食用油的操作特点、包装情况、出入库频率等各项因素，参考各类存储设备的特点，请判断该仓库应以什么类型的货架、叉车来完成存储及进出作业。

（7）根据作业量及作业模式，请给予叉车的购置建议。

_____

（8）在确定储存和装卸设备后，必须要确定托盘的数量。

捷润咨询公司为大家介绍了如下的一种计算存储面积和托盘的方法，请利用仓储区域空间计量公式倒推出托盘数量。

$$仓储区空间 = \frac{平均存储货品箱数 \times 托盘面积}{托盘平均堆放货品箱数 \times 堆放层数}$$

（9）货架层数计算。

以仓库存储 4200 平方米上限为标准，实际使用效率为 0.65，托盘尺寸为 1000 毫米 × 1200 毫米标准，结合模块二日出入库数量，如果每箱重量为 10 千克，每个托盘可存放货物 20 箱，以月度为存储单位，则需要设置几层货架？

_____

【知识要点】

一、平房仓库的主要特点

(1) 设计简单,所需投资较少;

(2) 仓库内搬运、装卸货物比较方便;

(3) 各种附属设备(例如通风设备、供水、供电等)的安装,使用和维护都比较方便;

(4) 由于只有一层,仓库全部的地面承压能力都比较强。

二、多层建筑的主要特点

(1) 多层仓库布局方面比较灵活;

(2) 有利于库房的安全和防火;

(3) 多层仓库作业需要的垂直输送技术已经日趋成熟;

(4) 多层仓库在建设和使用中的维护费用较大,一般商品的存放成本较高。

三、货架类型及基本结构图

(一) 层架

层架结构如图 5-13 所示。

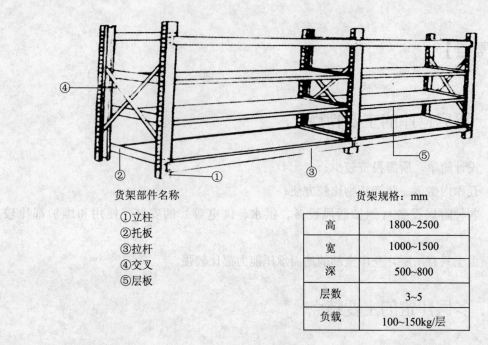

货架部件名称

①立柱
②托板
③拉杆
④交叉
⑤层板

货架规格：mm

高	1800~2500
宽	1000~1500
深	500~800
层数	3~5
负载	100~150kg/层

图 5-13　层架

（二）托盘货架

托盘货架结构如图 5-14 所示。

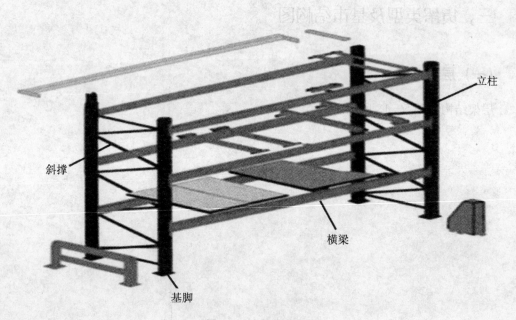

立柱

斜撑

横梁

基脚

图 5-14　托盘货架

（三）悬臂式货架

悬臂式货架结构如图 5-15 所示。

图 5-15 悬臂式货架

（四）阁楼式货架

阁楼式货架结构如图 5-16 所示。

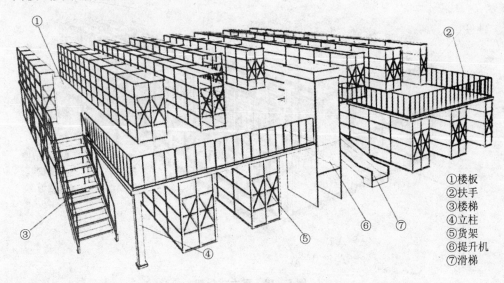

①楼板
②扶手
③楼梯
④立柱
⑤货架
⑥提升机
⑦滑梯

图 5-16 阁楼式货架

（五）移动式货架

移动式货架结构如图 5-17 所示。

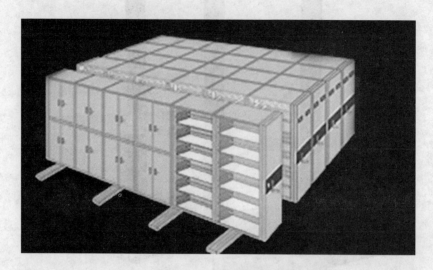

图 5-17　移动式货架

（六）重力式货架

重力式货架结构如图 5-18 所示。

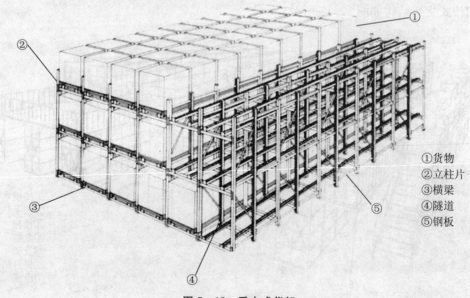

①货物
②立柱片
③横梁
④隧道
⑤钢板

图 5-18　重力式货架

(七) 驶入式货架

驶入式货架结构如图 5-19 所示。

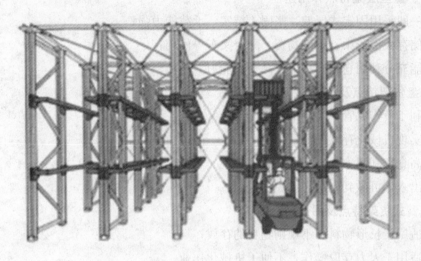

图 5-19 驶入式货架

(八) 驶入/驶出式货架

驶入/驶出式货架结构如图 5-20 所示。

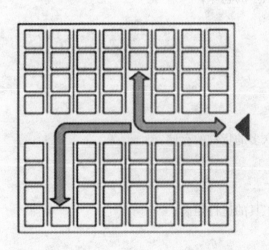 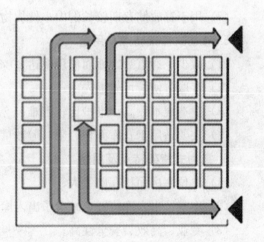

图 5-20 驶入/驶出式货架

【学习拓展】

1. 中、重型层架特点和用途

（1）一般采用固定式层架，坚固、结实，承载能力强；

（2）储存大件或中、重型物资，配合叉车等使用；

（3）能充分利用仓容面积，提高仓储能力。

2. 托盘货架特点及用途

（1）利于货物保管；

（2）实现机械化存取作业；

（3）高仓容利用率；

（4）出入库可做到先进先出。

3. 悬臂式货架特点及用途

（1）适用于长形物料和不规则物料的存放；

（2）适用于人力存取操作，不便于机械化作业。

4. 阁楼式货架特点和用途

（1）有效增加空间利用率；

（2）上层不适合重型搬运设备行走；

（3）存取作业效率低；

（4）用于仓库场地有限而存放物品品种很多的仓库；

（5）用于存放储存期较长的中小件货物。

5. 移动式货架特点及用途

（1）减少了通道数，地面使用率达80%；

（2）存取方便，可先进先出；

（3）建造成本较高，维护比较困难；

（4）主要适用于仓库面积有限，但数量众多的货物的存储。

6. 重力式货架特点及用途

（1）单位库房面积存储量大；

（2）固定了出入库位置，减少了出入库工具的运行距离；

（3）专业、高效、安全性高；

（4）保证货物先进先出；

（5）主要用于大批量少品种储存货物的存放或配送中心的拣选作业中。

7. 驶入式货架特点及用途

（1）仓容利用率高，库容利用率可达90%；

（2）托盘质量和规格要求较高，托盘长度需在 1300 毫米以上；

（3）不保证先进先出；

（4）适合于大批量少品种，对先进先出要求不高或批量存取的货物存储。

8. 驶入/驶出式货架特点及用途

（1）仓容利用率高；

（2）保证先进先出；

（3）托盘质量和规格要求较高；

（4）适合于大批量少品种的货物存储。

项目六 仓库业务开发/服务方案设计

模块一 客户需求调研与分析

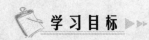 **学习目标** ▶▶▶

应知	应会
1. 内部、外部调研的内容	1. 制作调研方案
2. 调研的方法	2. 进行绩效评估和相对绩效评估
3. 评估标准	3. 编写市场调研分析报告

【背景导入】

进行客户调研，编制调研分析报告。

易通物流对食用油产品的操作不仅仅得到了中粮集团的认可，而且在该行业也具有了一定的知名度。知名的业内快消品公司 G 公司在了解了易通物流的服务水平和服务能力后，在中粮项目运作 1 年后，也向易通物流发出了仓储供应商招标邀请函。

邀请函

易通物流：

G 百货有限公司在中国开设了 600 多家商场，员工总数 8 多万人，分布在中国 16 个省市。2005 年 G 的销售额达到 31 亿元人民币。

G 公司始终坚持公司的优良传统，即专注于开好每一家店，服务于每一位顾客。始终为顾客提供优质廉价、品种齐全的商品和友善的服务。每开设一家商场，均会为当地引入先进的零售技术及创新的零售观念。在激发竞争的同时，帮助提高当地零售业的经营水平和服务质量，从而促进当地经济的共同繁荣。

G公司有一个梦想——创办中国人喜欢的，日常生活离不开的"百年老店"——G公司。公司成立以来，秉承"永远关怀、永远合作、永远创业"的企业精神和务实稳健的经营作风，取得了可喜的成绩，特别是近年来，公司的销售业绩连年高速增长。为适应业务快速发展，满足物流服务向纵深化、精细化方向发展的需求，现诚邀拥有良好配送网络资源、具有先进管理水平和优秀服务理念的供应商，参与我公司2010年全国物流项目的国内竞争性招标，兹邀请贵公司前来投标。

G（中国）有限公司

接到邀请函之后，你决定对G公司及其所在的连锁行业进行充分的调研，为下一步的竞标进行充分的准备。

1. 设计调查方法

易通物流不仅在理论上对G公司的物流现状进行分析，更是深入到一线做实际需求调研，调研过程主要包括G公司的物流服务要求、G公司消费者的服务要求、G公司竞争者状况、G公司现有物流供应商的服务状况等。

2. 设计调研计划

设计调研计划的甘特图举例，如图6-1所示。

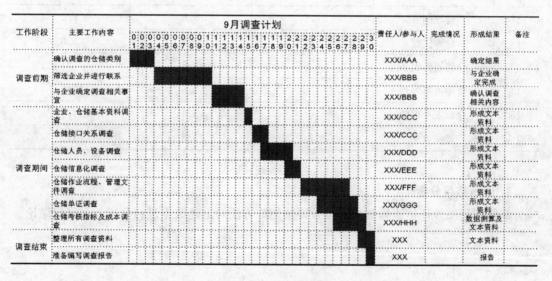

图6-1 甘特图举例

3. 实施调研

易通物流锁定重点调研内容为G公司的物流服务要求以及其现有物流供应商的服务状况。易通物流首先制作了一套完备的调研方案，在调研方案中明确了调研内容，为使调研的数据具有统一对比性，针对两个主体的调研采用同一种格式内容。调研内容主要包括仓租成本、输配送成本、WMS、TMS、员工素质、运作破损率、丢失率、配送准确率、准时率、服务态度、管理制度的完备状况、仓库位置、仓储硬件设备、仓库可扩展性、仓库安全保障、运作效率等方面，最终得出如表6-1所示数据。

表 6-1　　　　　　　　　　　　竞争性绩效调研数据汇总

序号	调研指标	客户认为重要程度	竞争对手实施状况	易通物流实施状况
1	仓租成本	8.5	8.1	9.2
2	输配送成本	9.5	9.2	9
3	WMS	7.5	5.5	7.8
4	TMS	5	5.5	7.8
5	员工素质	3.5	2	5.5
6	运作破损率	6.5	7.1	7.5
7	丢失率	8	8.1	7.4
8	配送准确率	7	6.5	6.6
9	准时率	7.5	7.3	7.2
10	服务态度	6	5.2	7
11	管理制度	4.5	3.5	6.5
12	仓库位置	4	2.5	5.5
13	仓储硬件设备	5.5	3.8	5.7
14	仓库可扩展性	2.5	3.5	2.8
15	仓库安全保障	6	5.8	7.1
16	运作效率	7	5.8	7.2

4. 调研结果分析

请你利用绩效评估矩阵和相对绩效评估矩阵方法对上述数据进行分析，并得出结论。

【知识要点】

一、常用调研方法（如图6-2至图6-5所示）

（1）调查问卷组成部分有前言、主体内容和结束语

（2）调查问卷题型以选择题为主

（3）调查问卷填写时间建议控制在10~20分钟

（4）调查的问题点要简单明了，易于回答，提供的备选答案观点要鲜明

（5）调查问卷的设计要便于统计分析

图6-2　问卷调查

（1）现场调查的对象应以业务人员为主

（2）现场调查的设计以了解业务流程为主

（3）现场调查应真实记录业务情况及问题

（4）现场调查的记录应注意业务流程的连续性和完整性

（5）现场调查整理完成的材料需与业务负责人核实

（6）现场调查时需严格遵守企业现场管理的相关规定

图6-3　现场调查

（1）访谈调查的对象以业务骨干及管理者为主

（2）访谈前需确定好访谈时间和地点

（3）访谈调查内容以问答形式为主

（4）访谈时要注意着装及礼貌用语

（5）访谈时对于理解不透彻的问题需及时请教，营造良好的访谈氛围

图6-4　访谈调查

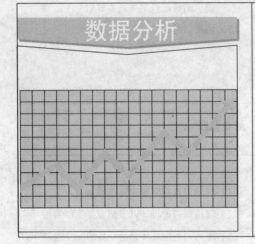

（1）明确数据分析的方向和结果

（2）数据收集、汇总、整理

（3）借助数据处理软件（EXCEL、ACCESS等）

（4）应用ABC、SWOT、EIQ等分析法

（5）数据分析统计口径需一致

（6）数据备份

图6-5　数据分析

二、甘特图

甘特图内在思想简单，即以图示的方式通过活动列表和时间刻度形象地表示出任何特定项目的活动顺序与持续时间。基本是一条线条图，横轴表示时间，纵轴表示活动（项目），线条表示在整个期间上计划和实际的活动完成情况。它直观地表明任务计划在什么时候进行，及实际进展与计划要求的对比。管理者由此可便利地弄清一项任务（项目）还剩下哪些工作要做，并可评估工作进度。

甘特图包含以下三个含义：

（1）以图形或表格的形式显示活动；

（2）一种通用的显示进度的方法；

（3）构造时应包括实际日历天和持续时间，并且不要将周末和节假日算在进度之内。

甘特图具有简单、醒目和便于编制等特点，在企业管理工作中被广泛应用。甘特图按反映的内容不同，可分为计划图表、负荷图表、机器闲置图表、人员闲置图表和进度表等形式。

【学习拓展】

某物流公司酒类行业市场开发计划

1. 市场分析

（1）经济现状分析。随着经济的发展，酒类行业在产品研发、渠道开发、营销模式方面都有了新的突破和发展。而消费者生活水平的提升，对酒类商品的需求及要求也越来越大。国内的酒类产品包括啤酒、白酒、葡萄酒、黄酒四大分类。

据中国经济报最新调查数据显示，白酒、啤酒、葡萄酒销售收入分别同比增长22.01%、24.47%和28.01%，行业利润总额分别同比增长了0.32、15.88、2.79个百分点，啤酒行业居于首位。

（2）酒类行业分析。

①啤酒行业。消费者消费意识的改变，影响酒类行业中各类酒的发展。随着连续10年的快速增长，啤酒出现在全国各地，吸引了大量的厂家，也得到了广大消费者的青睐。啤酒行业从最初的地方诸侯割据发展到现在的"三足鼎立"之势：青岛、燕京、华润。

据显示，近几年来，啤酒产销量增长5.84%，销售收入增长4.31%，销售税金增长5.56%，销售利润增长17.56%。

②白酒行业。国家对于白酒行业的发展政策的改变（比如近来国家出台相关酒后驾车入刑的法律），也在一定程度上减少了喝白酒的人群。据调查，我国现有白酒企业3.7万余家，其中乡以上独立核算的白酒企业约4700家，全国白酒产量达万吨的白酒企业近70家。白酒企业的数量过剩，导致资源的浪费；行业的不正当竞争和地方过分保护致使白酒企业多而不强，整个行业缺少竞争力，对消费者市场产生不良的影响。但是，作为拥有悠久发展历史的白酒行业，虽然市场份额在不同程度上减少，而行业地位依然不容小觑。

③葡萄酒行业。近年来，啤酒的行业结构逐步得到优化，并且经过市场的大浪淘沙，是行业中增长最快、利润最高和行业集中度最高的酒类，但是葡萄酒行业的赢利率为73.4%，不仅高于酒类行业的其他酒种，而且在全国工业行业中也屈指可数。比如大家比较熟知的长城、王朝等品牌，在国内行业占据着非常大的市场。

④黄酒、果酒行业。黄酒是我国民族独有且最古老的酒种，但是基于诸多方面的因素，其发展远远落后于白酒和啤酒，市场覆盖率和市场占有率也都无法相提并论。果酒是酒类行业新兴产品，由于正处于产品周期的前期，所以市场占有率很低，但是部分地区已经有了不错的开始，相信果酒以口味和营养价值为产品卖点，将会成为消费者的新宠儿。对于零售企业来说，及早地收集和研究黄酒和果酒的产品特性、市场和消费倾向，对企业的持续发展有着重要的意义。

（3）酒类物流行业分析。

①啤酒类物流现状。这类酒行业的特点是业务量较大、季节性强、区域性强，一般会就近 OEM 贴牌，覆盖周围地区，即使是全国性品牌也是区域性生产流通。

②白酒物流现状。这类酒行业的特点是产品覆盖低端到高端，量比较分散，季节性不是很明显。白酒行业的销售模式比较多样化：

a. 办事处制，在各大城市设办事处和仓库，不设代理，办事处直接面对客户，物流自己负责；

b. 代理商制，在各地找代理商，发货到代理商后其余问题代理商负责，物流归代理商管；

c. 办事处＋代理商制，在各地设办事处，但是销售权卖给代理商，办事处一般就 1 个人负责生产厂和代理商的账务接口，代理商自己负责物流；

d. 区域性设总仓，再进行区域分拨到各经销商，设总仓的目的就是为了针对一些大经销商不愿意做的区域性小客户，支持其产品的覆盖面。

③葡萄酒类物流现状。这类酒行业的特点是偏向于高端，量适中，由于产业链的限制，基本上都是全国销售，区域品牌较少。销售模式是生产厂家（或是国家级总代理）在各个大中型城市设置办事处或分公司，自己管销售、仓库和物流，并直接面对客户。

2. 开发计划

经过前期对酒类行业的初步了解后，目标确定白酒、啤酒、红酒三种品类，锁定华北区域 9 家生产酒类企业作为下一步客户开发名单，如表 6-2 所示。

表 6-2　　　　　　　　　　　　客户开发名单

序号	酒类	客户名称	主要产品	年物流费用（万元）	年销售额（亿元）	跟进情况
1	白酒	北京红星酒业	红星二锅头	3600	18	市场调研
2		北京顺鑫农业	牛栏山二锅头	6000	34	商务洽谈
3		衡水老白干	老白干，松鹤保健酒	4000	20	市场调研
4		汾酒集团	汾酒，竹叶青，杏花村	16000	80	市场调研

续　表

5		燕京啤酒	啤酒	18000	91	市场调研
6	啤酒	雪花啤酒	雪花，朝日	20000	100	市场调研
7		哈尔滨啤酒	纯生，百威，哈尔滨	2600	13	市场调研
8		长城酒业	长城葡萄酒	2400	12	市场调研

模块二　标书准备及投标申述

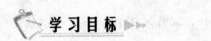 学习目标

应知	应会
1. 商务标、技术标的内容及编写重点 2. 仓储服务的关键要点 3. 各种仓储租赁方法和费用折算方法	1. 进行投标标书的制作和内容编写 2. 进行条理清晰的投标申述并答疑

【背景导入】

　　易通物流针对 G 公司进行充分的市场调研后，开始全身心投入到标书准备过程中。整个过程由"G 投标小组"负责，该小组由市场部牵头，运作部、财务部、人事部等部门人员组成。

　　以下为 G 公司招标书主要内容。（投标人必须认真阅读以下内容，以免造成投标失败。）

招标书

一、项目说明

　　（1）投标人必须清楚地应答项目的每一项要求，并有详细应答方案，不能简单地回答"满足"或"符合"。如果没有明确应答或虚假应答将会严重影响评标结果。投标人必须提供满足招标人要求的项目实施服务。

　　（2）投标人必须满足本说明书中主要项目要求，否则投标人的项目应答书将被拒绝并

被认作未应答。

（3）招标说明书经招标方与中标的投标人双方确认后，作为合同的附件，与合同正文具有同等的法律效力。

（4）招标说明书未尽事宜，由招标方和中标的投标人在合同谈判时双方确定。

二、项目目标

全面提升 G 百货有限公司的终端产品物流服务的水平，使公司在未来的售后服务竞争中处于优势地位。

三、投标联系

招标公司：G 有限公司

联系人：G 有限公司

E－mail：bestlogistis@126.com

投标截止日期：××年×月×日24：00前电子版文件，×月×日12：00前打印版文件，逾期投标文件恕不接受。

评标时间、地点：另行通知。

公司介绍见模块一。

四、招标内容

1. 招标范围

本次招标的 RDC 仓库有 12 个：北京、上海、东莞、昆明、福州、武汉、大连、济南、青岛、天津、南宁、太原。

2. 服务要求

（1）储藏产品的地方及服务；★

（2）符合仓库环境安全规定；★

（3）拣配货人员要有食品从业人员的有效健康证，鼠、虫的防止符合食品储存要求；★

（4）先进先出（FIFO）（产品生产日期和生产批号）；★

（5）批号管理、条码管理（含条码扫描作业）；★

（6）储位管理；

（7）详细记录及规范管理，以确保库存的准确性和产品的质量；★

（8）根据订单收发货物、验收货物，并提供出、入库、发运等所需的文件及存档；★

（9）根据订单拣配货物（含二次包装）；★

（10）仓库正常工作时间为：周一至周日8：30～18：00；如正常时间外租赁方有作业需求，提前 1 小时通知仓管方即可得到满足；★

（11）仓库系统开放时间为：365×24 小时；

（12）出入库装卸、理货、二次包装打包。★

注：带有"★"的项目为供应商必须提供的服务。

3. 产品资料

6 种，分别是酸奶，巧克力，元宵，方便面，洗发水，MP4。

五、评标方法

1. 仓储评标标准

必备条件：注册资金在 50 万元人民币以上；仓库可提供扩容至少 1 倍以上（同一仓库群，同样的标准）拟租库房无有毒、有腐蚀性、有刺激性异味产品存放，且库内无异味；不存在污染产品危害人体健康的风险；内外墙壁平整，无破损，不易掉灰、发霉，且屋顶密封无渗漏；仓库周围 500 米以内无焚化炉、污水处理厂、垃圾处理站等污染源。

（1）仓库的固定条件能力；

（2）仓储操作能力；

（3）抗风险能力；

（4）仓储综合价格水平；

（5）附加分：实际服务水平。

2. 投标文件要求

投标人应按以下相关要求进行应答：

（1）投标人对本说明书中要提出的各项内容必须有详细的方案设计。

（2）投标人必须提供的文档（Word）包括：

①公司情况介绍：组织结构、人员、规模、网络等。

②业务流程规划：企业现行内部运作流程（进货、提货仓储、发货、在途跟踪、紧急情况处理、投诉处理流程等）。

③单据设计：采购、入库验收、出库、配送等。

其中，演示文档（PPT），用以比赛现场展示、陈述和答辩。

（3）投标人提供的物流服务应达到或超过本说明书的要求，并在应答建议中明确说明，否则可能导致严重影响评标结果。

（4）以上要求仅是招标方的基本要求，投标人在完全应答以下要求后，要说明其所建议（方案）的其他功能和特色，招标方将作为评标的参考依据。

为了更标准化的描述投标公司的状况，G 公司提供如下需求信息的详细描述，望各投标物流公司能够尽量详尽的说明。

3. 投标公司简介

（1）公司情况：

①公司的发展历史；

②主要合作客户及业绩说明，与 G 公司业务相关客户为佳；

③公司的组织结构图及相应产权结构说明（含在全国的办事机构状况）；

④公司的社会关系说明。

（2）公司硬件设施：

①公司自有及挂靠车辆明细表；

②公司仓储能力及相应仓库位置说明；

③公司在全国各地的办事机构硬件配置情况说明。

（3）公司软件构成：

①人员结构（含学历、经验等）；

②信息系统建设情况；

③公司有特色的管理制度与流程说明；

④公司对人员的考核管理办法简介（不需要整套制度）。

【知识要点】

物流客户寻找物流服务提供商的最常见做法是采用招标的方式。招标本身是物流客户在最短的时间内以最合理的成本找到自己满意的物流合作伙伴的一种最有效的方法。

物流服务项目招标关键步骤如图6-6所示。

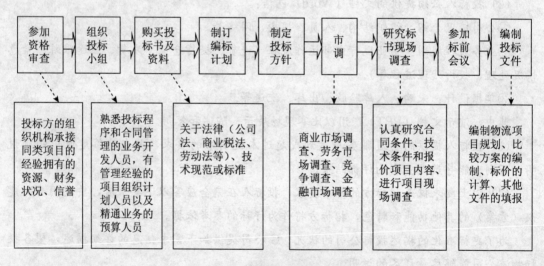

图6-6　物流服务项目招标流程

投标书样例

致：（招标方）×××××××××

按照××××项目的招标，正式授权的下述签字人（姓名和职务）×××代表投标者（投标者名称和地址），提交下列文件正本1份，副本×份。

（1）投标价格表；

（2）资质证明文件；

（3）招标书要求投标者交付的一切文件。

签字人兹宣布并同意下列各点：

（1）投标者根据招标文件规定执行合同的责任和义务。

（2）投标者已详细审查了全部的招标文件，包括修改文件（如果有的话）和所有供参阅的资料及有关附件。投标者完全知道必须放弃在这方面提出含糊不清或误解的一切权利。

（3）投标自开标之日起××个日历日内有效。

（4）提供招标者可能要求的与投标有关的任何数据或资料。

（5）作为投标单位，保证遵守商业秘密，不以其他形式在任何时间对外泄露有关本次招标的内容，否则愿承担5万元违约责任。

（6）投标方知道并承诺同意如不正式签订合同，本次招标结果对双方无任何约束力。

（7）投标方同意双方合同须经A集团法律事务中心审核后方有效，否则即使招标单位已签字盖章，招标单位仍有权对有关合同条款予以变更，投标方愿接受本条款约束，并同意有关纠纷由招标方所在地有管辖权的法院管辖。

（8）有关本投标的所有正式通信：

地址：×××××××××

电话：×××××××××

传真：×××××××××

电子邮件（E-mail）：

代表姓名：×××

××××（投标者名称）

×××××××（地址）

（公章）

【学习拓展】

某公司的招标邀请

1. 产品基本资料（如表6-3所示）

表6-3　　　　　　　　　　　　　　产品基本资料

产品基本资料	产品分类：保健食品类、日化类、护肤品类、辅销品（主要为宣传、推广用品）	
	产品的状态：液体、乳状、片剂胶囊	液体约占70%
	产品的容器类型：玻璃瓶、塑料瓶	约2/3的产品为玻璃瓶装
	产品运输的外包装物：纸箱	
	单箱产品重量范围：5.6～18.7千克	约2/3产品的单箱重量为18.7千克
	单箱产品体积范围：0.01～0.05立方米	约2/3产品的单箱体积为0.05立方米
	配送产品的封箱状况：出产时原封包装、拣配货后的二次包装	二次包装的箱数约占20%

2. 服务要求（如表6-4所示）

表6-4　　　　　　　　　　　　　　服务要求

序号	服务项目	备注
1	储藏保健品的地方及服务，仓库条件必须符合食品类产品储存的要求（指明产品是否可以完全不与其他公司产品混合存放，即保证拥有独立的存放空间）	★
2	符合仓库环境安全规定，库内温度最高不宜超过38℃	★
3	仓库卫生要求：拣配货人员要有食品从业人员的有效健康证，鼠、虫的防止符合食品储存要求	★
4	先进先出（FIFO）（依据产品生产日期和生产批号）	★
5	批号管理、条码管理（含条码扫描作业）	★
6	储位管理	
7	详细记录及规范管理，以确保库存的准确性和产品的质量	★
8	根据订单收发货物、验收货物，并提供出、入库、发运等所需的文件及存档	★
9	根据订单拣配货物（含二次包装）	★

续 表

序号	服务项目	备注
10	以 Internet 为基础的订单追踪，提供诸如未完成订单、完成订单及正在执行订单等	
11	E-mail 每天提供报表及管理报告，例如（但不局限于）： （1）入、出库报表，库存报表 （2）订单追踪报告 （3）KPI 报告 （4）库存周期计算 （5）库龄报表	
12	仓库正常工作时间为：周一至周日 8：30～18：00；如正常时间外租赁方有作业需求，提前 1 小时通知仓管方即可得到满足	★
13	仓库系统开放时间为：365×24 小时	
14	出入库装卸、理货、二次包装打包	★
15	为我司驻仓人员提供单独办公场所、配备必要的办公设施（桌椅、空调、宽带接口、电话接口），如仓库较远免费提供我公司职工上下班的班车，水电费按表计费	★

注：备注中带有"★"的项目为供应商必须提供的服务。

3. 招标范围

本次招标的 RDC 仓库有 22 个：北京、上海、广州、南京、杭州、济南、太原、哈尔滨、长春、新疆、南宁、重庆、成都、武汉、长沙、西安、郑州、昆明、兰州、厦门、沈阳、合肥。

模块三　仓储合同拟写与谈判

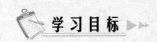 学习目标 ▶▶

应知	应会
1. 仓储服务合同的重点 2. 甲乙双方责权利条款 3. 基本谈判方法	1. 撰写仓储合同 2. 进行商务谈判

【背景导入】

如果你是易通物流的负责人，你认为此份合同是否完整？存在哪些问题？根据上述背景，请你代表易通物流重新编写一份仓储服务合同。

经过深入调研和精心准备，易通物流终于通过自己的专业能力和较高的性价比进入到最终只有两家供应商的议标阶段。议标阶段直接为合同谈判阶段，该阶段是确定能否成为仓储供应商的重要环节。最终易通物流经过自己的努力，成为 G 公司的仓储供应商。

但是，甲方企业提出如下要点，请你分析如何列入合同条款。

1. 储存状况

甲方存放在乙方的货物均应为包装状况完好的无放射性、无污染、无毒副作用的成品和辅销品等。乙方提供的库房应满足甲方货物（特别是食品类）储存的要求，不得将易燃、易爆、有毒、有腐蚀性、有放射性等危险物品，以及其他有粉尘、刺激性气味或污染性存货等，与甲方储存的货物一起存放，否则，造成甲方的货物损失，乙方须按统一售价赔偿。

2. 面积规定

甲方租赁乙方仓库面积（本合同中所指"面积"都为室内使用面积，下同）为 x 平方米。本合同期间，乙方确保提供给甲方 D 平方米仓储面积供甲方随时扩充。

乙方承诺：甲方在 D 平方米以内的库存面积，乙方完全可以满足甲方的不时之需，否则，甲方有权拒付自乙方不能满足之日起的所有仓储服务费用（包括但不仅限于仓租费用、装卸费用等），同时乙方不得因为甲方费用的拒付而停止或降低原有的服务水平。

3. 备货作业

每天 11：15 以前乙方收到的所有出货单应于当日 12：00 前备货完毕，11：15 至 16：00 收到的所有出货单应于当日 18：00 前备货完毕；16：00 以后的出货单，乙方应积极配合甲方保证当日备货完毕，如果确有困难，乙方可向甲方驻仓负责人申请，推延至第二日上午处理。

4. 阻碍提货的处罚

乙方人员不得以任何理由刁难甲方及向甲方承运司机或客户等勒索财物，如出现前述情况，甲方及其承运司机和客户有权投诉，乙方应及时调查；调查属实的，乙方应对责任人进行严肃处罚；同时，乙方须将调查、处罚结果向甲方通报；发生一次处罚乙方 1000元，合同期内累计发生 3 次类似事件，甲方有权终止合同而不承担任何责任。

5. 批号管理

按照"批号管理、批号追踪"的保管原则；所有出仓的货物应根据产品生产日期和生产批号严格按照"先进先出"（FIFO）的原则执行（甲方另有明确指令除外），对出库货物提供产品去向的批号追踪，如果乙方没有按上述要求执行 FIFO 的原则，乙方须按 20 元/箱（不足 1 箱按 1 箱计算）赔偿给甲方，如导致甲方的库存物品进入短龄期，则乙方应另按该部分货物的统一售价赔付给甲方，若导致甲方客户退货的，乙方须另行承担退货及紧急补发货的所有费用。

6. 仓储卫生及鼠虫防止

出库发运时乙方应对甲方或甲方供应商的承运车辆进行检查要求：车厢内无异味、车厢体无明显破洞、无明显裂缝、无潮湿、无污染物、无残留物，承运车辆需检查合格才能装货。

乙方每周至少检查、全面清洁存货一次，并保有记录，随时提供甲方核实，如乙方未按要求清洁存货，应按 100 元/次赔偿给甲方（立体货架的上层货物，每半月至少检查、全面清洁存货一次，否则，乙方应按 200 元/次赔偿给甲方）；发现存货变质或异常损失，应即时书面通知甲方，紧急情况下要采取有效控制措施，并及时通知甲方，确保甲方产品的良好质量状况，避免意外损失及损失的扩大。

存放甲方货物的库房应按规定配置必要的灭蝇（蚊）设施（如：灭蝇灯等）及捕鼠设施（如：粘鼠板、鼠笼等），灭蝇灯每库配置不少于 1 个，粘鼠板（或鼠笼）沿库内墙脚边线布置，布放数量根据库内面积，参照约 1 块（个）/ 50 平方米执行。

乙方按照甲方的服务要求提供有经验仓库管理人员和搬运工等直接为甲方服务，人员的安全、劳务关系由乙方负责；乙方直接接触甲方最小销售单位货物的稳定的作业人员（如：专门的拣配货、二次包装等作业人员），上岗前须取得当地卫生防疫机构颁发的食品从业人员有效健康证明（有效期不得超过 1 年）并交甲方备案，否则，甲方有权拒绝无有效健康证明的人员参与前述规定的作业，并有权带领和督促前述作业人员进行体检，所发生的体检费用由乙方完全承担，在乙方当期仓储费用中扣除；与甲方仓储业务有直接关系的乙方人员上岗前必须进行培训、考试，并保留培训及考试记录。

7. 温湿度计量设施规定

乙方在仓库中使用的温湿度计（仪），在使用前必须通过国家县级以上计量部门校验并合格，同时每年度须定期送检；如乙方未按此规定，使用不合格（或未经校验）的温湿度计，甲方有权随时代购温湿度计并按前述要求送检，所发生的所有费用由乙方承担，从乙方当期的仓储费用扣除。

【知识要点】

仓储合同是一种特殊的保管合同，它具有保管合同的基本特征，同时仓储合同又具有自己的特殊特征。

一、保管方的义务与存货方的权利

（1）保证货物完好无损；

（2）对库场因货物保管而配备的设备，保管方有义务加以维修，保证货物不受损害；

（3）在由保管方负责对货物搬运、看护、技术检验时，保管方应及时委派有关人员；

（4）保管方对自己的保管义务不得转让；

（5）保管方不得使用保管的货物，其不对此货物享有所有权和使用权；

（6）保管方应做好入库的验收和接受工作，并办妥各种入库凭证手续，配合存货方做好货物的入库和交接工作；

（7）对危险品和易腐货物，如不按规定操作和妥善保管，造成毁损，则由保管方承担赔偿责任；

（8）一旦接受存货方的储存要求，保管方应按时接受货物入场。

二、存货方的义务与保管方的权利

（1）存货方对入库场的货物数量、质量、规格、包装应与合同规定内容相符，并配合保管方做好货物入库场的交接工作；

（2）按合同规定的时间提取委托保管的货物；

（3）按合同规定的条件支付仓储保管费；

（4）存货方应向保管方提供必要的货物验收资料；

（5）对危险品货物，必须提供有关此类货物的性质，注意事项，预防措施，采取的方法等；

（6）由于存货方原因造成退仓、不能入库场，存货方应按合同规定赔偿保管方；

（7）由于存货方原因造成不能按期发货，由存货方赔偿逾期损失。

【学习拓展】

仓储合同纠纷

一电器公司与一储运公司签订了一份仓储合同，由储运公司为电器公司存储电视机等电器产品，时间为1年，保管费为5万元。合同规定：任何一方违约，应按保管费的30％向对方一次性支付违约金，并赔偿对方损失。合同订立后，储运公司即清理了其仓库，并拒绝了其他单位提出的货物保管请求。6月，储运公司突然接到电器公司的通知，称其原定需要保管的电视机，因供货商没有供货而不能交付保管，另有其他电器产品已经租到了仓位，不再需要仓储公司保管了。储运公司遂起诉，要求电器公司支付保管费和违约金，电器公司称仓储合同是实践性合同，未交付货物，则合同尚未成立，储运公司的要求于法无据。那么该案中双方订立的仓储合同是否成立呢？该案该如何判决呢？

项目七　仓储管理信息系统

模块一　设计仓储管理信息系统

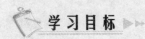
学习目标

应知	应会
1. 仓储管理的信息化需求	1. 分析仓储管理信息化需求
2. 仓储管理信息系统的主要功能模块	2. 设计仓储管理信息系统的主要功能模块

【背景导入】

为易通物流的 WMS 信息系统设计提供整体的解决方案，包括需求分析报告、系统设计说明书、数据库设计说明书以及用户使用手册等。

伴随着仓储作业流程，一个仓库中产生了大量的信息。一旦这些信息流动不畅，就会影响仓储作业，造成许多不良现象产生。因此，计算机仓库管理信息系统可以说是仓库提高工作效率、减少库存、提高顾客服务水平的重要手段。

易通物流"中粮项目部"配合捷润咨询公司在作完整体仓储规划布局后，为实现与中粮集团的物流信息实施对接，必须启用信息系统建设。该公司现有信息系统不能与中粮集团的要求相匹配，因此，启用捷润咨询公司对该公司的仓库管理信息系统进行规划和选型等工作。

思考与讨论

（1）仓库管理信息系统需要实现哪些功能？请先列清单，再对其进行归类。

（2）通过分析讨论，基本确定了如图 7-1 所示的功能模块。请你描述不同的功能模块应具备什么样的内容。

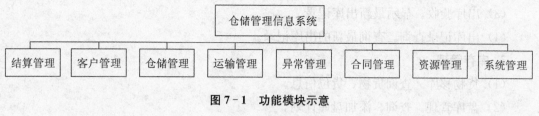

图 7-1 功能模块示意

（3）请将仓储管理模块的图 7-2 中功能内容填全。

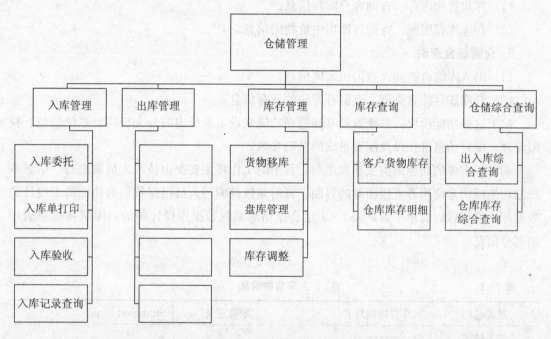

图 7-2 待填仓储管理模块

仓库管理功能模块更具体的内容。

1. 入库管理

（1）入库委托。显示最新委托单信息列表，并可对其查看明细、生成出库单、删除的操作，也可添加新委托单。

（2）入库单打印。显示打印最新入库记录。

（3）入库验收。显示最新入库委托单信息。

（4）入库记录查询。查询最新入库记录。

2. 出库管理

（1）出库委托。显示最新出库记录，并可对其查看明细、生成出库单、删除的操作，也可添加新委托单。

（2）出库单打印。显示打印出库记录。

（3）出库验收。显示最新出库记录。

（4）出库记录查询。查询最新的出库记录。

3. 库存管理

（1）货物移库。查询货物、货位信息。

（2）盘库管理。查询、添加盘库计划。

（3）库存调整。根据条件查询库存调整记录、执行新一次调整。

4. 库存查询

（1）客户货物库存。查询客户库存信息。

（2）仓库库存明细。查询各库房中货物的信息。

5. 仓储综合查询

（1）出入库综合查询。查询出入库信息。

（2）仓库库存综合查询。查询各库房的库存信息。

除了这些功能模块，系统需要基础管理功能来设定系统内的分支机构、系统角色、权限管理、项目信息维护以及配置系统的基础参数。

确定了主要的功能结构及参数之后，其余的工作将主要交由技术人员来进行。信息系统的功能模块是使用者直接面对的界面，背后是软件编写人员根据我们的功能需求设计的数据库。这里做以简单了解，表7-1是仓库信息系统数据库设计中的入库货物信息表中的部分信息。

表7-1　　　　　　　　　　　　　　　　　　**入库货物信息**

基表名称	入库货物信息表		基表定义	Storegood _ info	
主关键字	Storegood _ id				
外关键字	无				
索引关键字	无				
索引码功能描述	入库货物信息存储				

序号	字段含义	字段名	字段类型	主键	注释
1	ID（自动加1）	storegood _ id	bigint	TRUE	
2	货物名称	storegood _ name	nvarchar（50）	FALSE	
3	货物规格	storegood _ spec	nvarchar（50）	FALSE	
4	货物编号	storegood _ prtnum	nvarchar（50）	FALSE	
5	客户ID	storegood _ custmid	nvarchar（30）	FALSE	
6	入库单整件数量	storegood _ billnum	int	FALSE	
7	入库单零头数量	storegood _ billnum1	int	FALSE	

序号	字段含义	字段名	字段类型	主键	注释
8	单位	storegood_unit	nvarchar（30）	FALSE	
9	包装	storegood_wrap	nvarchar（30）	FALSE	
10	出厂批号	storegood_ordersn	nvarchar（30）	FALSE	
11	服务费用	storegood_servfee	nvarchar（10）	FALSE	
12	搬运费用	storegood_laberfee	nvarchar（10）	FALSE	
13	其他费用	storegood_othfee	nvarchar（10）	FALSE	
14	系统批号	storegood_billsn	nvarchar（30）	FALSE	
15	库房 ID	storegood_wareid	nvarchar（30）	FALSE	
16	实入整件数量	storegood_warenum	int	FALSE	
17	实入零头数量	storegood_warenum1	int	FALSE	
18	服务成本	storegood_servcost	nvarchar（10）	FALSE	
19	搬运成本	storegood_labercost	nvarchar（10）	FALSE	
20	其他成本	storegood_othcost	nvarchar（10）	FALSE	

【知识要点】

一、仓储管理信息系统需求分析

需求分析是指在对仓储机构进行全面调研基础之上提出针对仓储管理信息系统的详细需求，包括主要功能架构需求、各功能具体需求两个层面。调查内容包括一定期间内仓库的出入库情况，账实相符的准确度，服务水平和仓库服务能力等，接着对仓库进行全面考察，以确定完成仓库职能所必需的信息，如完成收货职能便需掌握仓库空储存点信息。同时，还要检查哪些数据已经存在，建立系统还需要收集哪些类型的数据（有时还根据情况决定是否安装自动化数据采集系统）。通过考察，便可决定仓库应改进的范围，并决定是否采用计算机仓库管理信息系统。

二、仓储管理信息系统（WMS）的主要功能模块

根据仓储机构的不同业务特点或需求侧重，仓储管理信息系统的功能模块也有所不

同。如流通型仓库特别关注出入库管理模块，储存型仓库则更关注在库保管的功能，配送中心还会增加配送管理功能。大致来讲，仓储管理信息系统的功能模块如表7-2所示。

表7-2　　　　　　　　　　　　　仓储管理信息系统的功能模块

仓储管理系统（WMS）	入库管理子系统	1. 入库指令处理 2. 条码打印及管理 3. 货物组托管理及理货单生成 4. 货位分配及入库单生成 5. 入库验收确认 6. 入库信息查询
	出库管理子系统	1. 出库指令处理 2. 拣选作业及拣选单生成 3. 集货备货及出库单生成 4. 出库发运确认 5. 出库信息查询
	在库管理	1. 货位占用情况查询 2. 库存查询 3. 移库作业 4. 盘点作业 5. 补货作业 6. 货位冻结与解冻 7. 货物冻结与解冻
	数据管理子系统	1. 货物信息管理 2. 安全库存管理 3. 供应商数据管理 4. 使用部门及人员数据管理 5. 客户数据管理 6. 库房及货位管理 7. 设备管理 8. 服务费率管理 9. 货物分类管理
	系统管理子系统	1. 使用者及其权限设置 2. 数据库备份操作 3. 系统通信开始和结束 4. 系统的登入和退出

【学习拓展】

IT 企业多采用 ERP（Enterprise Resources Planning）系统来管理自己的库存和账务。常见的大型 IT 企业会使用 SAP 和 Oracle 的 ERP 系统。小型公司则会使用用友和金山的小型企业软件。

在仓库信息化的环节，大家已经学习过仓库部分各种报表的界面，现在让我们来一起初步认识和理解一下 IT 企业信息化管理的基本知识。

1. Item（商品编码）

（1）Item 编制的基本原则。

Item 的唯一性：原则上，任意一种货物只有唯一一个 Item；任意一个 Item 只能唯一对应一个商品，任意一个商品 Item 只能自始至终用于一个产品，不可重复使用，即不可用同一 Item 对第二种产品进行再编制。

（2）Item 使用的字符和符号：

①26 个英文字母（大写）。

②10 个阿拉伯数字。

③8 个常用符号：+，#，&，*，—，_，/，\。

④不能使用空格。

⑤除无实物物品外，其他商品 Item 不能使用汉字。

（3）Item 长度规定：

①商品 Item 不要求统一长度。

②商品 Item 由两部分组成。

第一部分：前三位字符是商品品牌或厂商代码；第二部分：是厂商 Item 或类别代码或加序列号。

③Item 第一、第二部分内的字母及符号均计入 Item 长度。

④Item 的描述部分，不能超过 150 个英文字符。

（4）编制商品 Item 的前提：

①该商品可以单独入库。

②该商品可以单独出库。

（5）Item 编制应遵循的整体原则：

①Item 应能表示某一种产品的特点。

②同类产品应有相似的 Item 风格。

③同一个系列的产品应有相同的 Item 格式。

④Item 的描述说明要准确清晰，突出特征。

（6）商品 Item 的管理原则：

①商品 Item 的编制应根据采购合同先于货物入库完成。

②公司对商品实行集中管理，设专人负责 Item 的编制、维护工作。

③Item 编制人员严格执行公司制定的 Item 管理制度和 Item 编写原则。

Item 即商品编码，也是货物在 ERP 系统的代号。ERP 系统的货物资金流动全部是伴随着 Item 在系统的移动和出入库操作进行的。

小提示

Item 和个人的姓名作用相似。

2. 批次

批次是货物的重要属性之一，前面已经基本讲述了批次的作用。现在重点介绍的是信息系统中批次的使用方法。

同一个产品会有不同的批次；同一个批次会有不同的 SN；批次和 SN 属于上下层关系。如图 7 - 3 所示。

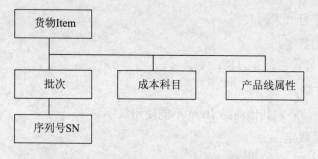

图 7 - 3　商品编码与批次和序号间关系示意

小测试

货物 A 会有 090807 和 091001 两个批次，共 10 个 SN，分别是 1～10，这两个批次能包含所有的 SN 吗？

3. SN

前面已经介绍过 SN 的作用，现在介绍一下 SN 的 ERP 操作。考虑到实际样例需要，此例子不按"先入先出"原则操作。

例：物料 A 需要出库 10 个，实物有 1000 个，物料 A 的 SN 从 1 到 1000，批次为 090807 共 500 个，091001 共 500 个，库管随机根据货物拿了以下 10 个 SN（批次 090807 的 300～305，批次 091001 的 401、505、506、999）的货物进行出库，那么，信息系统的出库过程是什么呢？

（1）如果只是出库 10 个物料 A，ERP 系统会采用如下方式进行计算：

$$A 现有量 = 当前数量 1000 + 出库数量（-10）$$

$$= 990$$

（2）如果加上批次，ERP 系统会采用如下方式进行计算：

A 现有量＝选择当前批次（当前批次自动统计所有数量）−出库数量（−10）

$\quad\quad\quad= (500-6) + (500-4)$

$\quad\quad\quad= 990$

（3）如果采用 SN 出库，ERP 会采用如下方式进行计算：

A 现有量＝选择当前批次（当前批次自动统计所有数量）−出库数量（−10）

$\quad\quad\quad= (500-1-1-1-1-1-1) + (500-1-1-1-1)$

$\quad\quad\quad= 990$

物料 A 的 SN 的 ERP 相关情况如表 7-3 所示。

表 7-3　　　　　　　　　　物料 A 的 SN 的 ERP 操作表

物料	批次	SN
A	090807	305
A	090807	304
A	090807	303
A	090807	302
A	090807	301
A	090807	300
A	090807	999
A	090807	401
A	090807	505
A	090807	506

4. 会计科目属性

每一个货物都会有它的会计科目归属，用来记录这个物料的即时价格。ERP 内相同的组织下新采购货物和库存货物的平本会发生加权平均。

例：A 物料当前库存 10 个，平均成本为 1000 元。新采购进物料 5 个，平均成本 990 元，当新采购物料入库后的 A 物料平均成本为 $(10 \times 1000 + 5 \times 990) / (10+5) = 996.66667$ 元。

5. 账实相符的理解

库管管理员很重要的职责就是保证账实相符，反映到具体的管理结果就是实物盘点结果准确，货物保存完好。反映到 ERP 信息系统中，需要保证的结果就是系统中物料的现有量数据和实物数据完全一致，包含产品的入库时间、批号、SN 号等信息；账实相符衍生出的"操作"账实一致。

账实相符还有一个含义：就是要使管理人员能够通过 ERP 中各种实物流动记录，能够监测实际运行业务按照公司规定流程正常运作。这时就需要 ERP 内的数据动态操作和实际货物流动操作相一致。

小任务

请说出货物入库的实物流动和操作步骤，然后，结合信息记录过程对应的操作。如表 7 - 4 所示。

表 7 - 4　　　　　　　　　　　　　实物流动操作步骤

入库	信息处理过程
货物到货	拿到供应商入库单据
采购下单入库通知书	提前核对新采购货物的 Item
	根据采购明细划分对应 Item 的金额
	将采购明细录入 ERP 系统
库管收货	
实物检验，扫描条码	库管根据待采购明细传输到扫描枪，进行扫描
	扫描无误后，数据上传到 ERP 系统
核对无误后确认入库	库管进行 ERP 入库最终确认

6. 库房管理背后的财务数据流动

库管的每一项出入库操作都伴随着 ERP 系统财务后端数据的增减变化，作为 IT 公司内经营实体货物的公司，公司财务数据流动的 60％以上都是库管最终通过出入库操作确认的。库管在前端对货物保证操作一致的同时，ERP 信息系统后台千万上亿的库存数据都在随之变动。因此，作为一名 IT 行业的库管，你的操作价值很重要。

模块二　使用仓储管理信息系统

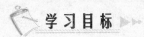 **学习目标** ▶▶

应知	应会
1. 仓储管理信息系统的主要业务操作流程 2. 仓储管理信息系统的基本设置内容	1. 进行仓储管理信息系统的基本设置 2. 进行仓储管理信息系统的主要业务流程的操作，如出库、入库等

【知识要点】

依据使用步骤进行仓储系统的操作模拟。

一、进入首页及主界面

图7-4　仓储管理系统首页

在如图 7-4 所示界面上需要用户输入所授予的用户名和密码才能登录到操作界面。

二、进入系统

点击"仓储管理"按钮后，出现如图 7-5 所示画面。

图 7-5　仓储管理系统操作界面

在"仓储管理"页面中包括了：入库管理、出库管理、盘库管理、库存查询。本模块主要介绍入库管理模块的基本操作，其中，包括入库委托、入库单打印、入库验收以及入库记录查询。

三、入库委托

单击"入库委托"，弹出新增委托单界面，如图 7-6 所示。

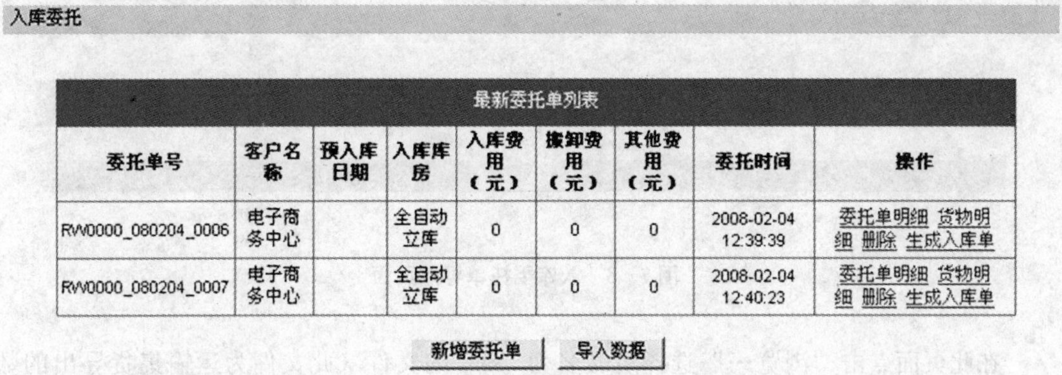

入库委托

最新委托单列表								
委托单号	客户名称	预入库日期	入库库房	入库费用（元）	搬卸费用（元）	其他费用（元）	委托时间	操作
RW0000_080204_0006	电子商务中心		全自动立库	0	0	0	2008-02-04 12:39:39	委托单明细 货物明细 删除 生成入库单
RW0000_080204_0007	电子商务中心		全自动立库	0	0	0	2008-02-04 12:40:23	委托单明细 货物明细 删除 生成入库单

新增委托单　　导入数据

图 7-6　入库委托单页面

单击"新增委托单"按钮，进入到委托单录入界面，如图 7-7 所示。

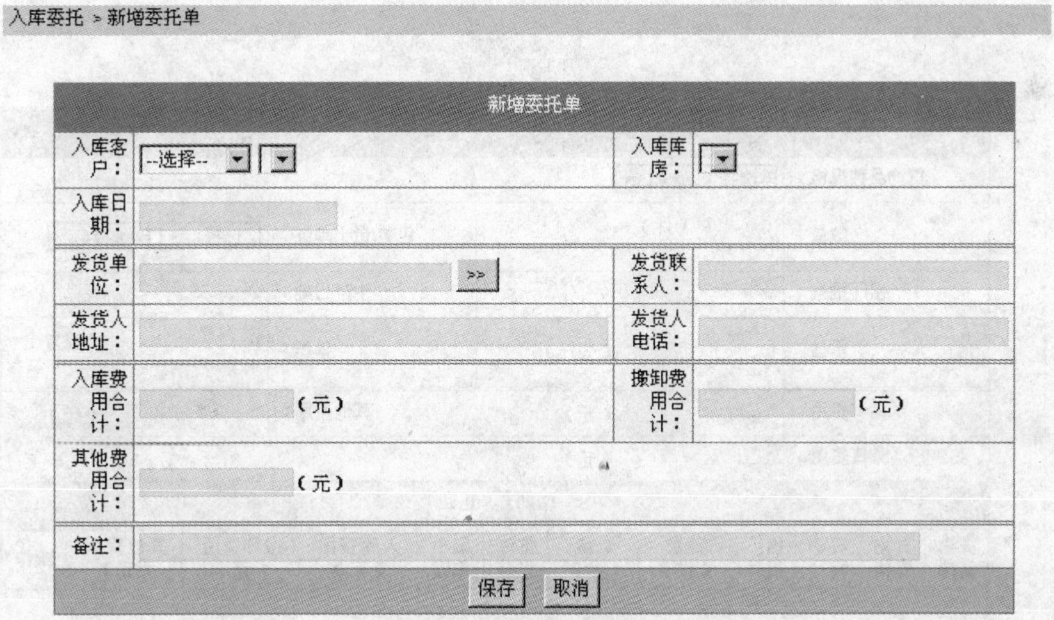

入库委托 ＞新增委托单

新增委托单		
入库客户：　--选择-- ▾ ▾		入库库房：　▾
入库日期：		
发货单位：　　　　　　　　　>>		发货联系人：
发货人地址：		发货人电话：
入库费用合计：　　　　（元）		搬卸费用合计：　　　　（元）
其他费用合计：　　　　（元）		
备注：		

保存　取消

图 7-7　新增委托单录入界面

在此页面选择"入库客户""入库库房""入库时间"、填写"备注"信息，剩下的信息在填写完"货物明细"信息后做统计。完成这些信息后，点击"保存"按钮，委托单将保存在委托单列表中。

单击"导入数据"按钮，进入到委托单导入页面，如图 7-8 所示。

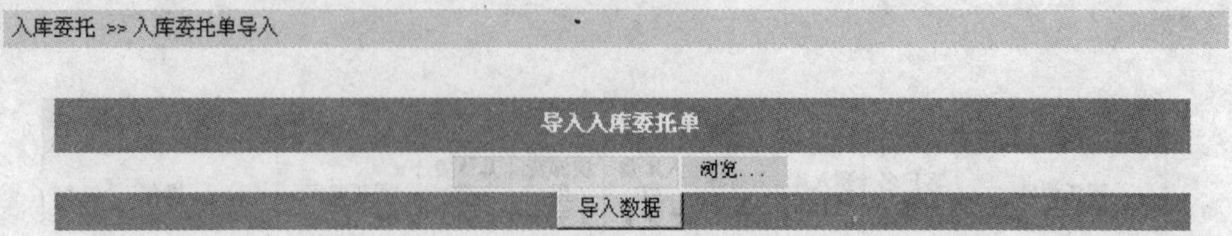

入库委托 >> 入库委托单导入

图 7-8　入库委托单导入页面

在此页面点击"浏览…"选择后缀名为 .xml 的文件（此文件为运输集货导出的数据），文件选择后点击"导入数据"按钮，通过文件中的数据内容生成入库委托单。

单击操作列中的"货物明细"进入货物明细页面，如图 7-9 所示。

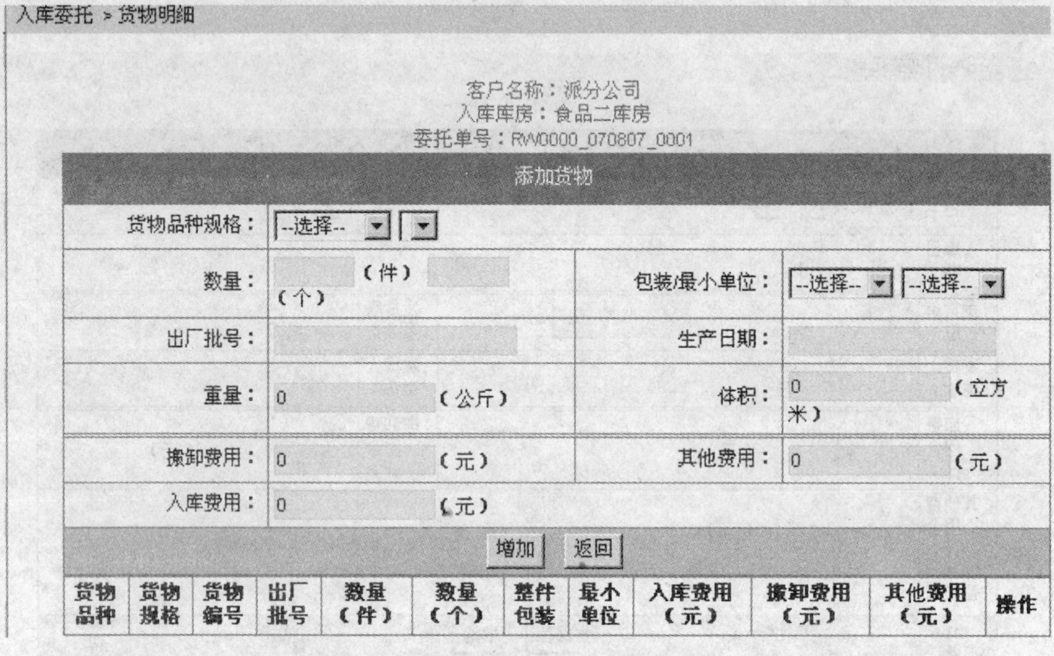

图 7-9　货物明细页面

在该页面中选择"货物品种规格"、生产日期、包装/最小单位。输入委托批号、数量、入库费用、搬卸费用、其他费用、重量、体积。完成这些操作后点击"增加"按钮，这条货物明细将被添加到货物明细列表中。点击"返回"按钮回到新增委托单页面。

单击操作列中的"委托单明细"进入到委托单明细页面，如图 7-10 所示。

入库委托 > 编辑委托单

编辑委托单		
委托单号： RW0000_070807_0001	入库日期：	2007-08-07
入库客户： 派分公司	入库库房：	食品二库房 ▼
发货单位： 派工厂 >>	发货联系人：	黄嫂
发货人地址： 大兴县黄庄	发货人电话：	789654321
入库费用合计： 0 （元）	搬卸费用合计：	0 （元）
其他费用合计： 0 （元） 从货物明细求和		
备注：		
保存 取消		

图 7-10 委托单明细页面

单击"从货物明细求和"按钮，计算出货物明细中货物的入库费用合计、搬卸费用合计、其他费用合计。单击"保存"按钮，保存委托单。单击"取消"按钮，取消本次操作。

单击操作列中的"删除"，弹出如图 7-11 所示页面。

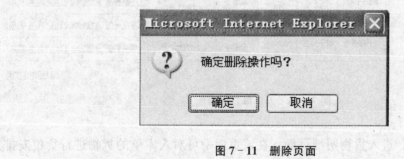

Microsoft Internet Explorer

? 确定删除操作吗？

确定　　　取消

图 7-11 删除页面

单击"确定"按钮，完成删除操作。单击"取消"按钮，取消删除操作。

单击操作列中的"生成入库单"，弹出如图 7-12 所示页面。

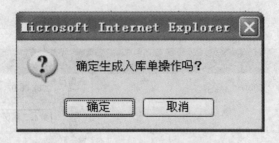

图7-12 生成入库单操作页面

单击"确定"按钮，委托单则生成出库单。单击"取消"按钮，取消生成入库单操作。

四、入库单打印

单击"入库作业"，进入库单打印页面，如图7-13所示。

入库单打印

最新入库单								
委托单号	入库单号	客户名称	入库库房	入库日期	委托受理人	入库单生成时间	操作	
RW0000_080624_0001		配送中心	人工库	2008-06-02	孟宏宇	2008-06-24 15:35:54	入库单明细 货物明细 打印入库单 完成	
RW0000_080623_0001		配送中心	电子分拣库	2008-06-23	孟宏宇	2008-06-23 10:21:39	入库单明细 货物明细 打印入库单 完成	
RW0000_080619_0001		配送中心	全自动立库	2008-06-19	孟宏宇	2008-06-19 15:11:34	入库单明细 货物明细 打印入库单 完成	
RW0000_080303_0015		电子商务中心	电子分拣库	2008-03-06	孟宏宇	2008-06-19 15:10:59	入库单明细 货物明细 打印入库单 完成	
RW0000_080225_0001		电子商务中心	电子分拣库	2008-01-29	孟宏宇	2008-02-26 10:20:50	入库单明细 货物明细 打印入库单 完成	

打印操作指南

图7-13 入库单打印页面

单击"货物明细"进入货物明细页面，在该页面中可对入库单的货物进行货位安排。系统内仓库类型分为人工库、全自动立体库和电子分拣库三种。各种类型货位安排作业流程如下。

（一）人工库货位安排

单击人工库的"货物明细"进入如图7-14所示页面。

入库单打印 > 货物明细

客户名称：配送中心
入库库房：人工库
委托单号：RW0000_080624_0001

				添加货物						
货物品种	货物规格	货物编号	出厂批号	系统批号	应入库数量（件）	应入库数量（个）	整件包装	最小单位		操作
冰源康纯净水	1.5升	6935889700083		GSN_080624_0003	1000	0	塑料	瓶	编辑 删除 货位明细
冰源康纯净水	1.5升	6935889700083	20080326	GSN_080624_0001	500	0	塑料	瓶	编辑 删除 货位明细

增加　返回

图 7-14　货物明细页面

点击"增加"按钮，进入如图 7-15 所示页面。在此页面可为同一入库单新增货物。

入库单打印 > 货物明细 > 添加货物

客户名称：配送中心
入库库房：人工库
委托单号：RW0000_080624_0001

					添加货物				
货物品种规格	农夫茶 ▾ 520ml ▾								
生产日期					出厂批号：				
数量：		（件）		（个）	包装/最小单位：	--选择-- ▾		--选择-- ▾	
重量：	0		（公斤）		体积：	0			（立方米）
入库货位安排	货位名称	货位种类	适用货物条码	面积（平米）	体积（立方）	安排数量（件）		安排数量（个）	
	C0001	平面货位							
	C0002	立体货位							

保存　取消

图 7-15　添加货物页面

对新增的货物的数量和货位信息输入后点击"保存"返回货物明细页面。

在货物明细界面下单击"编辑"进入到如图 7-16 所示页面。

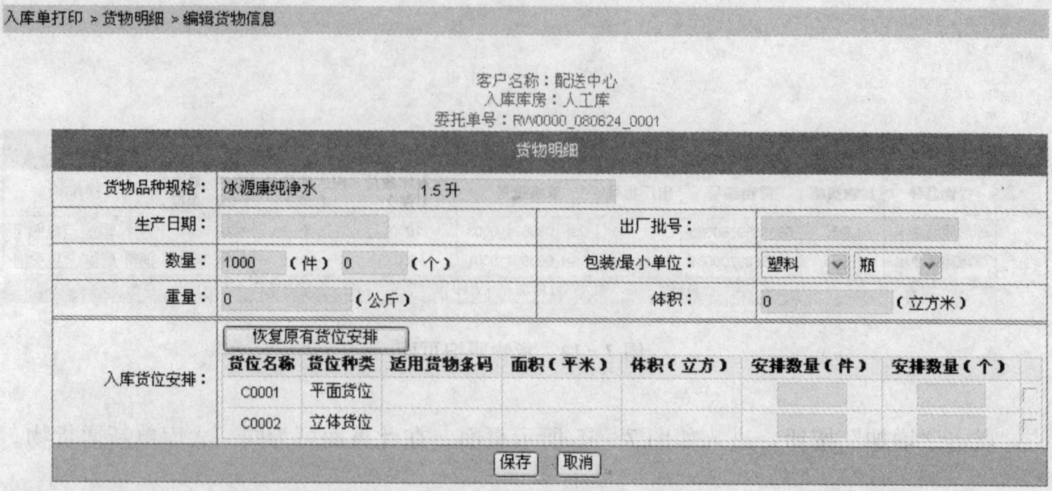

入库单打印 > 货物明细 > 编辑货物信息

客户名称：配送中心
入库库房：人工库
委托单号：RW0000_080624_0001

货物明细						
货物品种规格：	冰源康纯净水		1.5升			
生产日期：				出厂批号：		
数量：	1000 （件） 0 （个）			包装/最小单位：	塑料 ∨ 瓶 ∨	
重量：	0 （公斤）			体积：	0 （立方米）	

入库货位安排：	恢复原有货位安排						
	货位名称	货位种类	适用货物条码	面积（平米）	体积（立方）	安排数量（件）	安排数量（个）
	C0001	平面货位					
	C0002	立体货位					

保存　取消

图 7-16　编辑货物信息页面

　　点击"重新安排货位"按钮，进行相关货品的货位重新安排。点击"保存"按钮返回到"货物明细"页面。在"货物明细"页面点击"货位明细"可以查看货物的货位信息。点击"返回"按钮返回"入库单打印"页面。如图 7-17 所示。

入库单打印

最新入库单							
委托单号	入库单号	客户名称	入库库房	入库日期	委托受理人	入库单生成时间	操作
RW0000_080624_0001		配送中心	人工库	2008-06-02	孟宏宇	2008-06-24 15:35:54	入库单明细 货物明细 打印入库单 完成
RW0000_080623_0001		配送中心	电子分拣库	2008-06-23	孟宏宇	2008-06-23 10:21:39	入库单明细 货物明细 打印入库单 完成
RW0000_080619_0001		配送中心	全自动立库	2008-06-19	孟宏宇	2008-06-19 15:11:34	入库单明细 货物明细 打印入库单 完成
RW0000_080303_0015		电子商务中心	电子分拣库	2008-03-06	孟宏宇	2008-06-19 15:10:59	入库单明细 货物明细 打印入库单 完成
RW0000_080225_0001		电子商务中心	电子分拣库	2008-01-29	孟宏宇	2008-02-26 10:20:50	入库单明细 货物明细 打印入库单 完成

打印操作指南

图 7-17　最新入库单打印页面

（二）立体库货位安排

　　单击全自动立体库的"货物明细"进入如图 7-18 所示页面。

入库单打印 > 货物明细

客户名称：配送中心
入库库房：全自动立库
委托单号：RW0000_080619_0001

添加货物									
货物品种	货物规格	货物编号	出厂批号	系统批号	应入库数量（件）	应入库数量（个）	整件包装	最小单位	操作
农夫茶	520ml	6921168555581		GSN_080619_0002	1	0			编辑 删除 货位明细

增加　返回

图 7-18　全自动立体库货物明细页面

点击"增加"按钮，进入如图 7-19 所示页面，在此页面可为同一入库单新增货物。

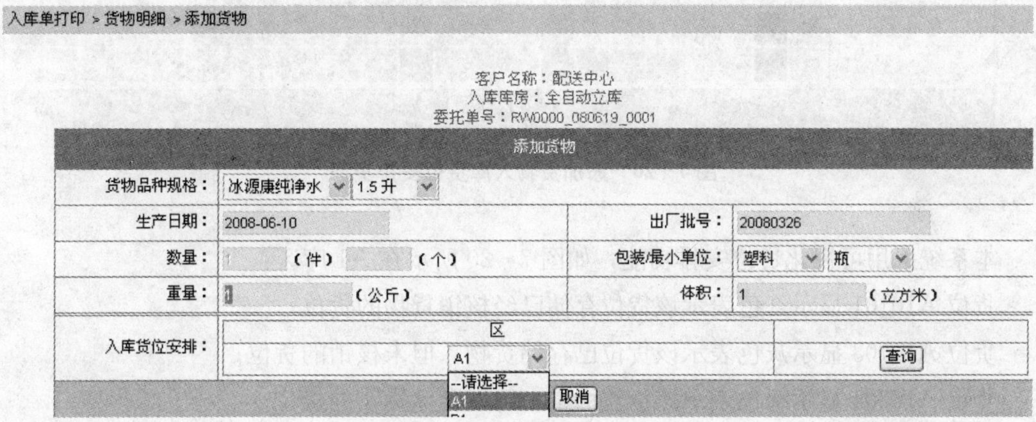

入库单打印 > 货物明细 > 添加货物

客户名称：配送中心
入库库房：全自动立库
委托单号：RW0000_080619_0001

添加货物	
货物品种规格： 冰源康纯净水 ∨ 1.5升 ∨	
生产日期： 2008-06-10	出厂批号： 20080326
数量： （件） （个）	包装/最小单位： 塑料 ∨ 瓶 ∨
重量： 1 （公斤）	体积： 1 （立方米）
入库货位安排：	区 A1 ∨ 查询
	--请选择-- A1 取消

图 7-19　全自动立体库添加货物页面

系统设定全自动立体库以整件入库，所以，数量不可变更。选择所要入库的库区后点击"查询"按钮，进入如图 7-20 所示页面。

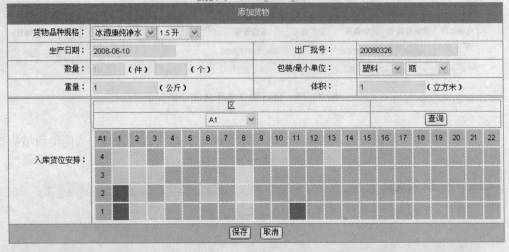

入库单打印 > 货物明细 > 添加货物

客户名称：配送中心
入库库房：全自动立库
委托单号：RW0000_080619_0001

图 7－20　添加货物入库货位安排页面

本系统采用可视化货位安排功能，如图 7－20 所示在 A1 库区：

货位 A10101 显示红色表示该货位存储已经核销货物的货位；

货位 A10103 显示灰色表示该货位已存储货物，但未核销的货位；

货位 A10304 显示绿色表示该货位为空，可以存储货物的货位；

货位 A10802 显示黄色表示该货位为本次入库将要存储货物的货位。

点击"保存"按钮，保存货物并返回货物明细页面。如图 7－21 所示。

入库单打印 > 货物明细

客户名称：配送中心
入库库房：全自动立库
委托单号：RW0000_080619_0001

添加货物

货物品种	货物规格	货物编号	出厂批号	系统批号	应入库数量（件）	应入库数量（个）	整件包装	最小单位	操作
冰源康纯净水	1.5升	6935889700083	20080326	GSN_080625_0002	1	0	塑料	瓶	编辑 删除 货位明细
冰源康纯净水	1.5升	6935889700083	20080326	GSN_080625_0003	1	0	塑料	瓶	编辑 删除 货位明细
农夫茶	520ml	6921168555581		GSN_080619_0002	1	0			编辑 删除 货位明细

增加　返回

图 7－21　货物明细页面

在货物明细页面下单击"编辑"进入到如图 7－22 所示页面。

入库单打印 > 货物明细 > 编辑货物信息

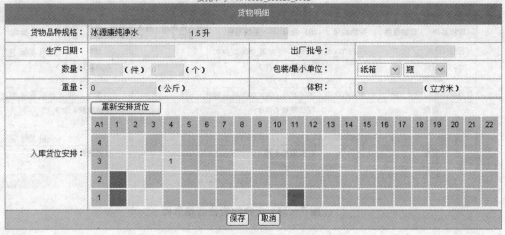

图 7 - 22　编辑货物信息重新安排货位页面

如果需要调整货位信息，点击"重新安排货位"按钮，进入到如图 7 - 23 所示页面。

入库单打印 > 货物明细 > 编辑货物信息

客户名称：配送中心
入库库房：全自动立库
委托单号：RW0000_080625_0002

货物明细		
货物品种规格：	冰源康纯净水　　　　1.5升	
生产日期：		出厂批号：
数量：　　（件）　　（个）		包装/最小单位：　纸箱 ∨　瓶 ∨
重量：　0　　　（公斤）		体积：　0　　　（立方米）
入库货位安排：	恢复原有货位安排	

区

A1 ∨　　　　　　　　　　　　查询

--请选择--
A1　　　取消
B1

图 7 - 23　货位安排页面

选择需要存储的库区，点击"查询"按钮，进行相关货品的货位重新安排。点击"保存"按钮，保存并返回到"货物明细"页面。

在"货物明细"页面点击"货位明细"可以查看货物的货位信息。如图 7 - 24 所示。

入库单打印 > 货物明细

客户名称：配送中心
入库库房：全自动立库
委托单号：RW0000_080619_0001

货物品种	货物规格	货物编号	出厂批号	系统批号	应入库数量（件）	应入库数量（个）	整件包装	最小单位	操作
冰源康纯净水	1.5升	6935889700083	20080326	GSN_080625_0002	1	0	塑料	瓶	编辑 删除 货位明细
货位		存放数量（件）				存放数量（个）			
A10803		1				0			
冰源康纯净水	1.5升	6935889700083	20080326	GSN_080625_0003	1	0	塑料	瓶	编辑 删除 货位明细
货位		存放数量（件）				存放数量（个）			
A10803		1				0			
农夫茶	520ml	6921168555581		GSN_080619_0002	1	0			编辑 删除 货位明细
货位		存放数量（件）				存放数量（个）			
A11304		1				0			

增加　返回

图7-24　货物的货位信息页面

完成货位安排，点击"返回"按钮，返回入库单打印页面。

（三）电子分拣库货位安排

单击电子分拣库的"货物明细"进入如图7-25所示页面。

入库单打印 > 货物明细

客户名称：配送中心
入库库房：电子分拣库
委托单号：RW0000_080623_0001

货物品种	货物规格	货物编号	出厂批号	系统批号	应入库数量（件）	应入库数量（个）	整件包装	最小单位	操作
农夫茶	520ml	6921168555581	20080326	GSN_080625_0004	0	31	纸箱	瓶	编辑 删除 货位明细

增加　返回

图7-25　电子分拣库明细页面

点击"增加"按钮，进入如图7-26所示页面，在此页面可为同一入库单新增货物。

入库单打印 » 货物明细 » 添加货物

客户名称：配送中心
入库库房：电子分拣库
委托单号：RW0000_080623_0001

		添加货物						
货物品种规格：	农夫茶 ∨	520ml ∨						
生产日期：	2008-06-17				出厂批号：	20080326		
数量：	（件） 20	（个）			包装/最小单位：	塑料 ∨	瓶 ∨	
重量：	0	（公斤）			体积：	0		（立方米）

货位名称	货位种类	适用货物条码	面积（平米）	体积（立方）	安排数量（件）	安排数量（个）
10101-2	平面货位	6935889700083				
10102-3	平面货位	87654				20
10103-4	平面货位	6921168555581				

图 7-26 电子分拣库新增货物页面

点击"保存"按钮，保存并返回"货物明细"页面，如图 7-27 所示。

入库单打印 » 货物明细

客户名称：配送中心
入库库房：电子分拣库
委托单号：RW0000_080623_0001

					添加货物					
货物品种	货物规格	货物编号	出厂批号	系统批号	应入库数量（件）	应入库数量（个）	整件包装	最小单位	操作	
农夫茶	520ml	6921168555581	20080326	GSN_080625_0004	0	31	纸箱	瓶	编辑 删除 货位明细	
农夫茶	520ml	6921168555581	20080326	GSN_080625_0005	0	1000	纸箱	瓶	编辑 删除 货位明细	

增加 返回

图 7-27 电子分拣库保存货物明细页面

在"货物明细"页面下单击"编辑"进入到如图 7-28 所示页面。

入库单打印 » 货物明细 » 编辑货物信息

客户名称：配送中心
入库库房：电子分拣库
委托单号：RW0000_080623_0001

		货物明细		
货物品种规格：	农夫茶	520ml		
生产日期：	2008-06-02		出厂批号：	20080326
数量：	（件） 31 （个）		包装/最小单位：	纸箱 ∨ 瓶 ∨
重量：	0 （公斤）		体积：	0 （立方米）

入库货位安排：	重新安排货位		
	货位	存放数量（件）	存放数量（个）
	10102-3	0	31

保存 取消

图 7-28 电子分拣库编辑货物信息页面

点击"重新安排货位"按钮，进入到如图 7－29 所示页面。

入库单打印 ＞货物明细 ＞编辑货物信息

客户名称：配送中心
入库库房：电子分拣库
委托单号：RW0000_080623_0001

货物明细							
货物品种规格：	农夫茶		520ml				
生产日期：	2008-06-02			出厂批号：		20080326	
数量：	（件） 31	（个）		包装/最小单位：		纸箱 ∨	瓶 ∨
重量：	0	（公斤）		体积：		0	（立方米）

恢复原有货位安排							
货位名称	货位种类	适用货物条码	面积（平米）	体积（立方）	安排数量（件）	安排数量（个）	
10101-2	平面货位	6935889700083					□
10102-3	平面货位	87654					□
10103-4	平面货位	6921168555581					□
10201-5	平面货位						□
10202-6	平面货位						□
10203-7	平面货位						□

图 7－29　重新安排货位页面

进行相关货品货位的重新安排。点击"保存"按钮，保存并返回到"货物明细"页面。在"货物明细"页面点击"货位明细"可以查看货物的货位信息。如图 7－30 所示。

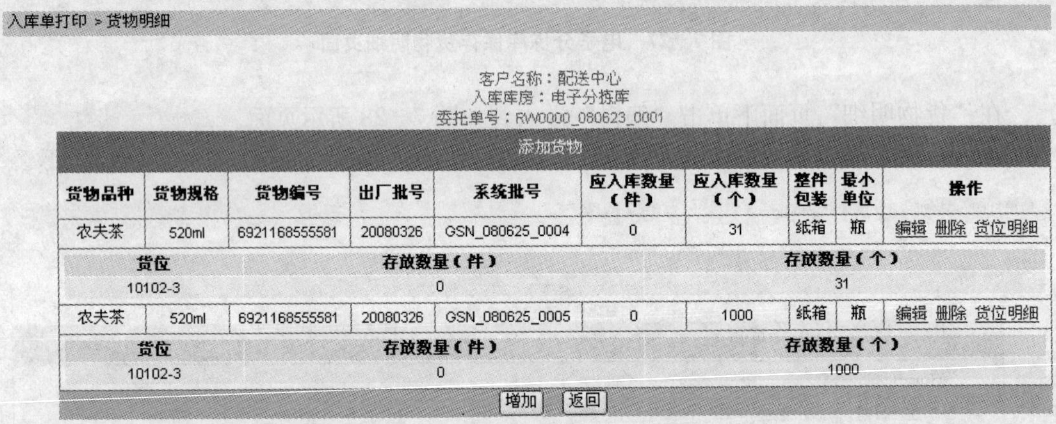

入库单打印 ＞货物明细

客户名称：配送中心
入库库房：电子分拣库
委托单号：RW0000_080623_0001

添加货物										
货物品种	货物规格	货物编号	出厂批号	系统批号	应入库数量（件）	应入库数量（个）	整件包装	最小单位	操作	
农夫茶	520ml	6921168555581	20080326	GSN_080625_0004	0	31	纸箱	瓶	编辑 删除 货位明细	
货位		存放数量（件）				存放数量（个）				
10102-3		0				31				
农夫茶	520ml	6921168555581	20080326	GSN_080625_0005	0	1000	纸箱	瓶	编辑 删除 货位明细	
货位		存放数量（件）				存放数量（个）				
10102-3		0				1000				

增加　返回

图 7－30　货物的货位信息页面

完成货位安排，点击"返回"按钮，返回入库单打印页面完成货位安排。

单击"入库单明细"进入到如图 7－31 所示页面。

入库单明细			
入库客户：	派分公司	入库库房：	食品二库房
委托单号：	RW0000_070807_0001	委托受理人	系统管理员
委托备注：			
入库单号：		入库日期：	2007-08-07
发货单位：	派工厂 ＞＞	发货联系人：	黄嫂
发货人地址：	大兴县黄庄	发货人电话：	789654321
运单号码：		运送单位：	
车牌号码：		司机：	
交接库管员：		到库时间：	
备注：			
	保存 取消		

图 7 - 31　入库单明细页面

填写入库单号、运单号码、运送单位、车辆号码、司机、交接库管员、到库时间。点击"保存"完成操作，点击"取消"返回入库单打印页面。

单击打印入库单，将会打印出如图 7 - 32 所示页面。

入库单明细

入库客户：	派分公司	入库库房：	食品二库房	入库日期：	2007-08-07
委托单号：	RW0000_070807_0001	入库单号：		受理人：	系统管理员
运单号码：		交接库管员：		到库时间：	
运送单位：		车牌号码：		司机：	
备注：					

货物明细

货物品种	货物规格	货物编号	出厂批号	系统批号	整件包装	最小单位	异常记录
入库货位	入库数量（件）	入库数量（个）	实入货位		实入数量（件）		实入数量（个）
蛋黄派	34	999	GSN_070813_0001	纸箱	瓶		

图 7 - 32　打印页面

单击"完成"，弹出如图 7 - 33 所示页面。

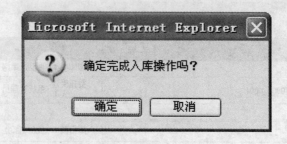

图7-33 等待选择操作的页面

单击"确定"按钮，完成入库操作。单击"取消"按钮，取消入库操作。

（四）入库验收

单击"入库验收"，进入到如图7-34所示页面。

入库验收

待验收入库单					
委托单号	入库单号	客户名称	入库库房	入库日期	操作
RW1101_060306_0002		好丽友食品	武汉好丽友仓库	2006-03-01	入库单明细 货物明细 核销本单
RW1101_060306_0001		好丽友食品	武汉好丽友仓库	2006-03-08	入库单明细 货物明细 核销本单

图7-34 入库验收页面

单击"货物明细"出现如图7-35所示页面。

入库验收 > 货物明细

客户名称：湖北牛奶二分
入库库房：湖北仓储
委托单号：RW0000_070312_0001

货物明细										
货物品种	货物规格	货物编号	出厂批号	系统批号	应入库数量（件）	应入库数量（个）	实入库数量（件）	实入库数量（个）	整件包装	最小单位	操作
奶酪	1*20	2001		GSN_070313_0002	33	0	0	0	纸箱	瓶	待核销 货位明细

返回上一级

图7-35 入库验收货物明细页面

单击"待核销"出现如图 7-36 所示页面。

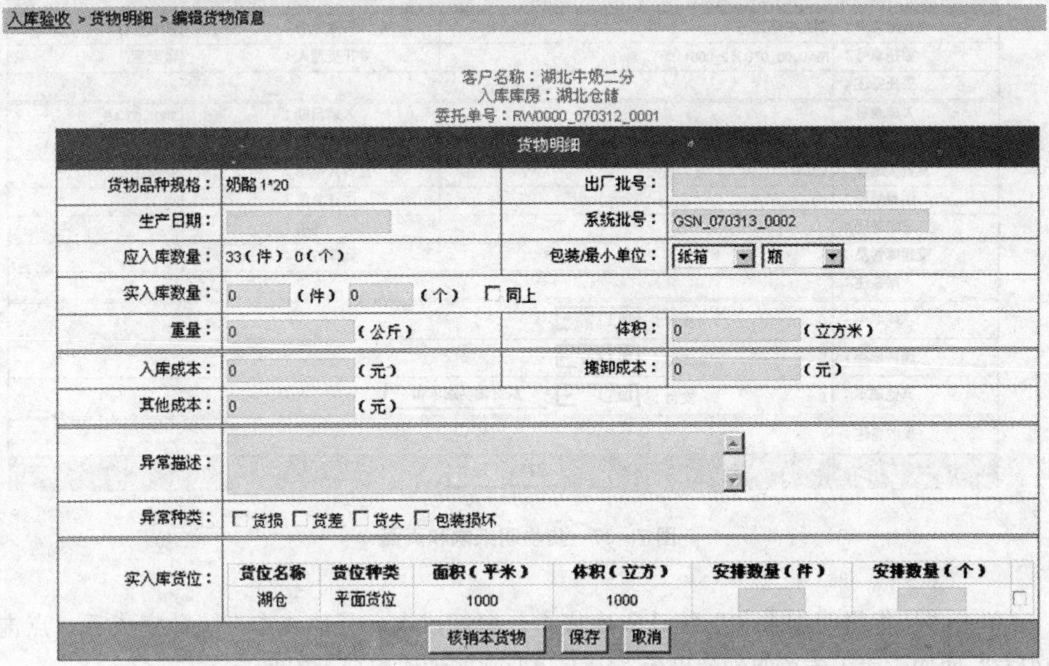

入库验收 > 货物明细 > 编辑货物信息

客户名称：湖北牛奶二分
入库库房：湖北仓储
委托单号：RW0000_070312_0001

货物明细			
货物品种规格：	奶酪 1*20	出厂批号：	
生产日期：		系统批号：	GSN_070313_0002
应入库数量：	33（件）0（个）	包装/最小单位：	纸箱 ▼ 瓶 ▼
实入库数量：	0 （件）0 （个） □同上		
重量：	0 （公斤）	体积：	0 （立方米）
入库成本：	0 （元）	搬卸成本：	0 （元）
其他成本：	0 （元）		
异常描述：			
异常种类：	□货损 □货差 □货失 □包装损坏		

实入库货位：	货位名称	货位种类	面积（平米）	体积（立方）	安排数量（件）	安排数量（个）	
	湖仓	平面货位	1000	1000			□

核销本货物　保存　取消

图 7-36　等待核销页面

在该页面中输入实入库数量、重量、体积、入库成本、搬卸成本、其他成本、实入库的货位。点击"保存"按钮完成操作，点击"核销本货物"完成货物的核销。点击"取消"按钮回到货物明细页面。

实入数量是指真正入库的数量。入库成本是指物流公司要付给供应商库房的费用。搬卸成本是指物流公司要付给供应商库房搬卸工的费用。单击"入库单明细"进入到如图 7-37 所示页面。

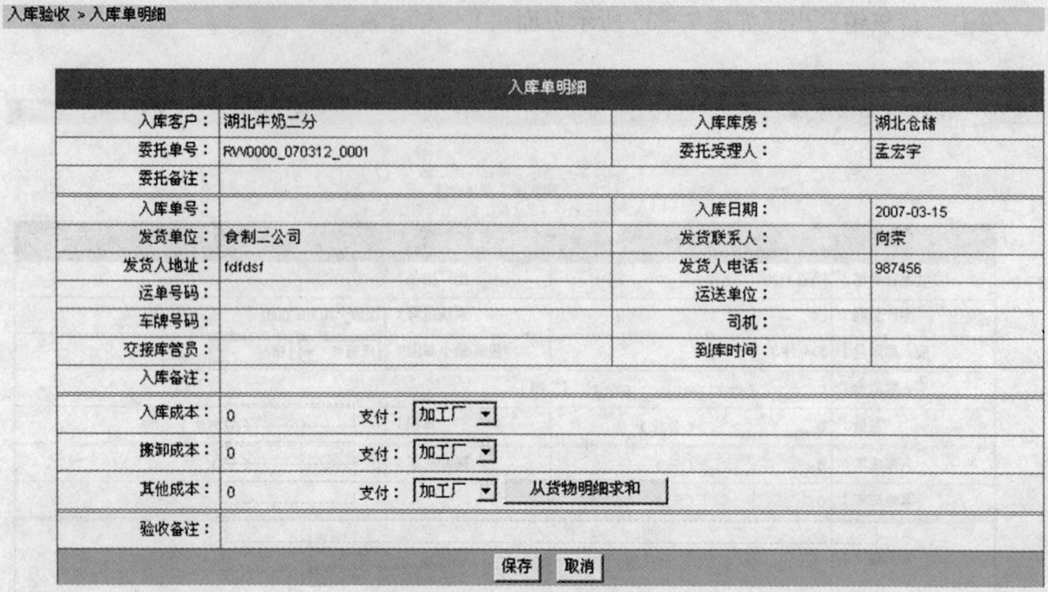

入库验收 > 入库单明细

入库单明细			
入库客户：	湖北牛奶二分	入库库房：	湖北仓储
委托单号：	RVV0000_070312_0001	委托受理人：	孟宏宇
委托备注：			
入库单号：		入库日期：	2007-03-15
发货单位：	食制二公司	发货联系人：	向荣
发货人地址：	fdfdsf	发货人电话：	987456
运单号码：		运送单位：	
车牌号码：		司机：	
交接库管员：		到库时间：	
入库备注：			
入库成本：	0　　支付：加工厂		
搬卸成本：	0　　支付：加工厂		
其他成本：	0　　支付：加工厂　　从货物明细求和		
验收备注：			
保存　　取消			

图7-37　货物明细求和页面

单击"从货物明细求和"统计入库成本、搬卸成本、其他成本，统计完成后，点击"保存"按钮完成入库单明细的操作，点击"取消"按钮回到入库验收页面。

单击"核销本单"，进入到核销单据的页面。

（五）入库记录查询

单击"→入库记录查询"进入到入库记录查询页面，如图7-38所示。

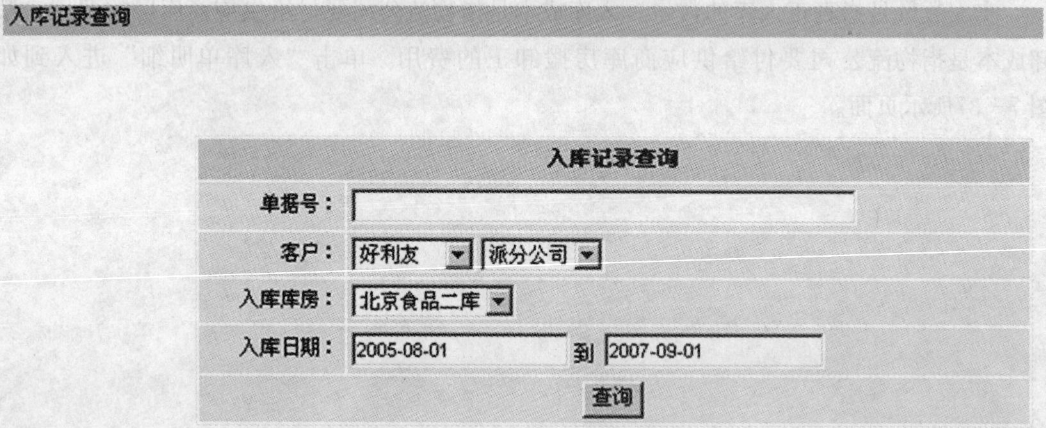

入库记录查询

入库记录查询
单据号：
客户：好利友　派分公司
入库库房：北京食品二库
入库日期：2005-08-01　到 2007-09-01
查询

图7-38　入库记录查询页面

选择客户、入库库房、入库日期然后点击"查询"按钮进行查询。进入到入库记录列表，如图 7 - 39 所示。

入库记录查询 > 入库记录列表

客户名称：派分公司
入库库房：北京食品二库

入库记录列表						
委托单号	入库单号	客户名称	入库库房	入库日期	状态	操作
RW0000_070521_0001	3333	派分公司	北京食品二库	2007-05-02	已入库	入库单明细

返回查询页

图 7 - 39　入库记录列表页面

点击"返回查询页"按钮回到查询页面。

点击"入库单明细"进入入库明细页面，如图 7 - 40 所示。

入库记录查询 > 入库记录列表 > 入库单明细

入库单明细			
入库客户：	湖北牛奶二分	入库库房：	湖北仓储
委托单号：	RW0000_070125_0001	委托受理人：	孟宏宇
委托备注：			
入库单号：		入库日期：	2007-01-18
发货单位：	食制二公司	发货联系人：	向荣
发货人地址：		发货人电话：	987456
入库备注：			
运单号码：		运送单位：	
车牌号码：		司机：	
交接库管员：		到库时间：	
验收备注：			

货物明细										
货物品种	货物规格	货物编号	出厂批号	系统批号	实入数量（件）	实入数量（个）	整件包装	最小单位	异常	操作
奶酪	1*20	2001		GSN_070125_0003	1000	0	编织物	颗		货位明细
货位		存放数量（件）				存放数量（个）				
湖仓		1000				0				

返回

图 7 - 40　入库单明细页面

点击"返回"按钮回到入库记录列表页面。

操作任务

在仓储管理信息系统中完成：

（1）一单入库作业；

（2）一单出库作业；

（3）一单盘点作业；

（4）一单移库作业；

（5）按货物名称查询库存余量一次；

（6）查询某库区库存余量一次。